pliegos de ensayo

Para Julio Ortega
cuyos aportes a este tema
me fueron imprescindibles,

con un saludo cálido de

W. Nick Hill
23-VII-85
Easton, Ct.

TRADICIÓN Y MODERNIDAD EN LA POESÍA DE CARLOS GERMÁN BELLI

W. NICK HILL
Fairfield University

TRADICIÓN Y MODERNIDAD EN LA POESÍA DE CARLOS GERMÁN BELLI

EDITORIAL PLIEGOS
MADRID

© W. Nick Hill
Depósito legal: M. 2.106-1985
I. S. B. N.: 84-86214-06-8
Colección Pliegos de Ensayo

EDITORIAL PLIEGOS
Gobernador, 29 - 4.º A - 28014 Madrid
Apartado 50.358
Printed in Spain
Impreso en España
por PRUDENCIO IBÁÑEZ CAMPOS
Cerro del Viso, 16
Torrejón de Ardoz (Madrid)

A Connie, a Nicole,
a Dona Alice y
a Xangó.

AGRADECIMIENTOS

Quiero dejar constancia de mi profunda gratitud a los poetas Oscar Hahn y Pedro Lastra, quienes me han guiado con su lucidez ejemplar por las vías de la poesía, que son, en su caso, también las de la vida. A César Leante, lo ya dicho, pero con la excepción —con la que no concuerdo— que él no se considera poeta. También mi sincero agradecimiento a mis colegas y profesores de la universidad de Iowa, en particular a Julio Durán-Cerda, Joseph Szertics y Tom Lewis por su cuidadosa lectura del manuscrito.

ÍNDICE

ÍNDICE

INTRODUCCIÓN

El contexto general del presente trabajo es la poesía hispanoamericana actual (1950-1979), y su visión de la realidad mediante el lenguaje. Este fenómeno poético se sitúa en espacios nacionales, pero pertenece al mismo tiempo a un desarrollo continental de la poesía americana en lengua española. El transcurso de la lírica de Hispanoamérica en este siglo es singular y contradictoriamente moderno. Roberto González Echevarría nos recuerda que la literatura moderna «se asigna unos orígenes y una tradición», y que después de Nietzsche, T. S. Eliot y Borges, sabemos que dichos orígenes y dicha tradición se inventan [1]. La mitología de los orígenes crean un tema recurrente en la literatura de la América hispana y —en los términos de González Echevarría— no hay duda de que esta literatura ha emprendido un diálogo interior en el ámbito donde se comunican la actualidad y el origen (*ibíd.*). Octavio Paz, por su parte, afirma que Huidobro, Borges, Neruda y Vallejo representan «cuatro maneras de encarnar la modernidad y, en cierto modo, de negarla... Hay sobre todo la búsqueda del origen; de la palabra como fundación» [2]. Paz se ocupa de la relación complementaria entre la historia y la poesía: encuentro del origen y fundación de

---

[1] Roberto González Echevarría, res. de *The Borzoi Anthology of Latin American Literature*, ed. Emir Rodríguez Monegal, *Modern Language Notes*, 94 (1979), p. 394.
[2] Octavio Paz, «¿Poesía Latinoamericana?», *Amaru*, 8 (1968), p. 6.

la sociedad. Lo que resta de esto es que incluso en la coincidencia de poesía e historia, la poesía: «Es la *otra* voz. No
la palabra de la historia ni de la de la anti-historia sino la
voz que, en la historia, dice siempre otra cosa —la misma
desde el principio» (*ibíd.* p. 8). El rastreo de dicha fundación
ha de ser múltiple: «La búsqueda de la expresión americana
es también un hacer que tiene como meta la utopía de América» [3]. La América mitológica y utópica de la fundación y
del presente generan por igual una actividad cultural urgen-
te: la indagación del ser americano, original y moderno a la
vez; de la figura que encarna el *ethos* desinteresado de la
sociedad: el artista, el poeta [4].

En las primeras letras de América, ya Colón describía
una realidad fabulosa e idealizada, para lectores versados
en la filosofía platónica, en los mundos utópicos de Tomás
Moro y del *Amadís*, y también en las idealizaciones bíblicas.
Aún después de la Conquista, reinaba en Hispanoamérica
colonial un código lingüístico idealizante —el Barroco español— cuya influencia configura la obra de la gran escrito-
ra mexicana Sor Juana Inés de la Cruz. Hubo otros claros
exponentes menores del Barroco americano que sobrevivie-
ron hasta bien entrado el siglo XVIII. No es difícil entender
entonces por qué Emilio Carilla sostiene que el Neoclasicis-
mo llegó tarde a las tierras americanas a causa del auge del
Barroco [5]. Esta noción, sin embargo, se relaciona con el modelo europeo neoclásico, que, aunque domine los estratos
léxicos y métricos, no encubre los intentos de José Joaquín
de Olmedo en «Victoria de Junín: Canto a Bolívar» y de An-
drés Bello, en «Oda a la agricultura en la zona tórrida», de
crear el ámbito de una expresión portadora de la incipiente

---

[3] Paráfrasis de Pedro Henríquez Ureña en Sarah González K.
de Mojica, «Utopía, Tradición e Historia Literaria», *Eco,* 208 (1979),
p. 422.
   [4] Jean Franco, *The Modern Culture of Latin America* (New York:
Praeger, 1967), pp. 280-82.
   [5] Emilio Carilla, *La literatura barroca en Hispanoamérica* (Madrid: Anaya, 1972), p. 32.

conciencia americana. La nueva sensibilidad se manifiesta en la descripción del paisaje nativo y en el deseo de independencia política, valores que continúan en el Romanticismo de José María Heredia. El Romanticismo en América tampoco pudo liberarse de las influencias españolas y europeas. Pero todo este primer período de gestación lírica dejó un legado y dio el impulso necesario para la creación de una poesía hispanoamericana con virtudes propias, como parte de lo que Florit y Jiménez consideran« una literaura en gran manera preocupada y responsable»[6]. Esta idea goza de una aceptación general y adquiere una importancia fundamental en the *Modern Culture of Latin America* de Jean Franco. En efecto, una discusión del «escapismo» modernista no puede menos que tocar directamente esta temática.

El Modernismo, que se inicia a fines del siglo XIX y continúa a comienzos del XX, se asocia también con lo que entendemos por modernidad. Juan Ramón Jiménez inaugura la polémica, vigente todavía, sobre una época o siglo modernista. Gullón y Schulman hablan de un medio siglo, pero Schulman, recientemente, lo ha reducido a una etapa que cubre los años 1875 a 1920. No obstante, aquí aceptamos que el siglo XX es divisible en dos períodos, uno moderno y el otro contemporáneo[7]. El primer período, que incluye el Modernismo, produce una clara ruptura estética con la poesía precedente e implanta una nueva forma de poetizar. Con la publicación de *Azul* en 1888, Rubén Darío dio cuerpo inicial al movimiento bautizado por él y en el que participaron los grandes poetas de la época. Darío es quien anima y promulga esa revolución literaria. En *Modernism in Hispanic Criticism*, Ned J. Davison hace una sinopsis de la multitud

---

[6] Eugenio Florit y José Olivio Jiménez, eds., *La poesía Hispanoamericana desde el Modernismo* (New York: Appleton, 1968), p. 21.
[7] José Olivio Jiménez, ed., *Antología de la poesía hispanoamericana contemporánea: 1914-1970* (Madrid: Alianza, 1971), pp. 9-10. Otros de los que dividen el siglo en dos partes son: Paz, Pedro Henríquez Ureña, Graham Hough. Onís también ve la complicidad entre siglo moderno y Modernismo, ver nota 9.

de opiniones que constituyen la recepción acordada a la enorme fecundidad y a la ambigua significación de la estética modernista [8]. En síntesis, las diferencias de opinión giran en torno a puntos de vista más o menos rígidos con respecto a cronologías y a la participación de Darío. Juan Ramón Jiménez considera a Darío importante, y aun clave, pero dentro de un movimiento internacional que encuentra su centro en Hispanoamérica y España [9]. Juan Marinello ofrece una formulación puramente estética, y sitúa a Darío en el foco de una turbulencia artística que duró apenas quince años y que algunos han llamado el rubendarismo [10]. El camino medio, que toma la opinión del consenso —por ejemplo, Max Henríquez Ureña, Federico de Onís, Luis Monguió—, considera que Darío sirve como vínculo entre dos momentos modernistas. En el primero se incluyen Manuel González Prada, Manuel Gutiérrez Nájera, Salvador Díaz Mirón, José Martí, Julián del Casal y José Asunción Silva, y abarca los años 1882-1896. El segundo momento cubre los años 1896-1905, y en él participan Guillermo Valencia, Leopoldo Lugones, Amado Nervo, Ricardo Jaimes Freyre, José Santos Chocano, Julio Herera y Reissig y Enrique González Martínez [11]. Agregamos, por nuestra parte, que cada una de estas perspectivas acierta parcialmente, y en su conjunto apuntan a lo siguiente: la esencia de la revolución impulsada por Darío, como la esencia de los otros movimientos que hemos mencionado, no se agota en estas descripciones y, por lo tanto, rebasa los marcos analíticos.

---

[8] Ned J. Davison, *The Concept of Modernism in Hispanic Criticism* Boulder: Pruett Press, 1966), p. vii. Estas perspectivas constituyen las divisiones fundamentales de su libro. Véanse las notas 9-11.

[9] Davison, p. 9. Onís y Gullón son otros nombres importantes en el apoyo erudito de esta noción. Para una discusión más amplia, véanse pp. 8 y 49-56. También ver p. 51 para la complicidad de moderno-Modernismo (Onís).

[10] Davison, pp. 7 y 41-8.

[11] Estas divisiones son las de Onís en Davison, pp. 16-17. Para una discusión más completa de las opiniones del consenso, véanse pp. 13-40.

Luis Monguió ha caracterizado hábilmetne los rasgos más salientes del Modernismo, y Davison los ha amplificado y reordenado en la siguiente lista: (1) Renovación de la forma y de los recursos; (2) Actitud de reforma cultural; (3) Voluntad de estilo; (4) Cosmopolitismo; (5) Estética y sensación; (6) Búsqueda espiritual y misticismo [12]. Estas categorías son algo rígidas pero comprenden lo que la mayoría de los críticos consideran como los aportes indudables de esa creación auténticamente hispanoamericana que fue el Modernismo. Las opiniones de Octavio Paz, expresadas en su brillante y polémico libro *Los hijos del limo*, incorporan todos estos conceptos [13]. Su visión de dicho movimiento debe ser considerada a la luz de la sistematización de Davison; pero Paz va mucho más lejos. El Modernismo, para él, equivale a la renovación que efectuó Garcilaso en la lírica española del siglo XVI y es también el equivalente del Parnaso y del Simbolismo franceses (pp. 131-32). Además, considera que el movimiento hispanoamericano expresa la gran ruptura con el pasado, a la manera del Romanticismo alemán. Es decir, la renovación impulsada por Darío sería análoga al Romanticismo europeo (Paz, p. 126), porque en ambos casos hubo una *renovación de la forma y de los recursos* (Davison, pp. 25-26), que consistió, en parte, en una renovación del ritmo y de la ametría. El ritmo acentual o ametría —afirma Paz— es la forma originaria de poetizar en lengua española. La historia de la métrica es la de una pugna entre la ametría y el isosilabismo. La ametría del arte mayor fue reemplazada por el isosilabismo dominante casi sin interrupción hasta el Romanticismo. Con el movimiento modernista, el verso español regresa a sus orígenes, regresa a la versificación irregular rítmica (Paz, p. 132). Podemos pen-

---

[12] Davison, pp. 24-25. Las traducciones de estas características son mías, y a continuación serán documentadas parentéticamente en el texto.
[13] Octavio Paz, *Los hijos del limo* (Barcelona: Seix Barral, 1974), y de aquí en adelante, todas las citas y referencias aluden a esta obra a cuyas páginas remitimos entre paréntesis.

sar en el «Nocturno» de José Asunción Silva, o en los «Versos sencillos» de Martí. El cambio de tono muestra bien la *actitud de reforma cultural* (Davison, pp. 26-28), evidente en la descripción epocal, la cual añade la conciencia visionaria del «pequeño dios» que se enfrenta a una edad moderna. Este estado de espíritu, que responde a la crisis de la época, pertenece al mito de lo moderno. Como había insinuado Baudelaire, lo moderno es el intento de apelar a aquella belleza que es siempre otra, el reverso de la belleza del presente: lo bizarro [14]. La reacción al *mal du siècle*, en Hispanoamérica, se transfigura en «la respuesta contradictoria al vacío espiritual creado por la crítica positivista de la religión y de la metafísica» (Paz, p. 128).

La imagen, que se va dibujando vagamente, del espíritu que vibra detrás de estas observaciones se puede resumir en el concepto de *voluntad de estilo*, concepto que descubre una conciencia individualista (Davison, pp. 28-30). Este «yo» consciente de sí mismo no sólo refleja un tema muy difundido en los modernistas, sino que se compromete con el Romanticismo original. Es lo que Paz denomina el «cuerpo»: la mortalidad humana expresada en la ironía. También en Baudelaire aquello que es efímero en la actualidad es lo moderno, lo que cambia, lo bizarro. Dice Paz de los Modernistas: «Su modernidad es una estética en la que la desesperación se alía al narcisismo y la forma a la muerte. Lo *bizarro* es una de las encarnaciones de la ironía romántica» (p. 129).

La búsqueda de lo que no está presente se puede llamar, en el caso de Hispanoamérica, *Cosmopolitismo* (Davison, pp. 30-35). Jean Franco considera que la revolución modernista es el rechazo simbólico de todos los valores burgueses americanos, pertenecientes más bien a un estado social

---

[14] En Charles Baudelaire, «Le peintre de la vie moderne», *Oeuvres Complétes* (Paris: Editions du Seuil, 1968), p. 37. También en Paz, pp. 126 y 129-30. Para el paralelo con Onís, ver Davison, pp. 51-52.

carente de virtudes creativas [15]. Instala, pues, una proyección hacia la cosmópolis, hacia París, más que capital nacional, «el centro de una estética» (Paz, pp. 130-31). Esta negación, ¿fue escapismo o realmente fue una rebelión en contra de lo que les rodeaba? La apertura hacia el cosmopolitismo condujo a la revisión del pasado prehispánico de América en lo que sería luego una revaloración del pasado hispánico, peninsular. En ambos casos, se produce una estética que combate la otra visión del Nuevo Mundo, la norteamericana (Paz, p. 131). Paz mantiene su opinión basándose en parte en la vuelta a la versificación originaria española que ya hemos mencionado. Esta idea audaz reduce la importancia de lo aristocrático y cosmopolita, y establece que distinguir al llamado Postmodernismo como movimiento independiente es innecesario. Toda esa cuestión tiene repercusiones importantísimas, especialmente en los períodos posteriores para aclarar una posible crítica social llevada a cabo por una lírica que no adhiere a la línea explícita de un realismo social. En otro aspecto, acaso esto se deba a la convalidación modernista del papel social del escritor profesional, aristócrata intelectual.

La cualidad de la *estética y la sensación* está al centro de lo que se entiende por Modernismo. Según Torres Rioseco dicha carcterística tiene que ver con su «decoration, sensuality, internal rhythm, color, passion, creative spontaneity...» (Davison, p. 36). Este punto muy aceptado y difundido se apoya en una belleza ideal, en todo lo que no es vulgar. La tesis de la negación de lo circundante, la contrapartida del escapismo cosmopolita, nos advierte de la paradójica unión modernista: la belleza eterna que pervive en la belleza efímera. Con Paz recurrimos de nuevo a Baudelaire, quien ha dicho que la otra parte de la belleza es aquella que permanece en lo moderno, la que no pasa (Baudelaire, p. 37). Cabe aquí reafirmar el papel destacado que

---

[15] Jean Franco, «A Symbolic Revolt: The Modernist Movement», en *Modern Culture*, pp. 14-39, esp. pp. 38-39.

juega la sensación en esta poesía, y particularmente la sinestesia, que funciona como las «correspondencias» de Baudelaire y remite a teorías metafísicas y místicas (Swendeborg),
o sea, a la analogía: «Fusión entre lo sensible y lo inteligible» [16].

Un deseo cósmico fomenta la *búsqueda espiritual y el
misticismo* (Davison, pp. 38-40). El arte modernista llega a
ser una cuasi-religión y su búsqueda de la belleza ideal conlleva una manera de vivir, pero sin Dios, y marcada por un
cristianismo no convencional. Para Paz la nueva sensibilidad
es la *otra* religión: la analogía. Todo se corresponde porque
el todo es un ritmo, y la religión cristiana es uno de los rit-
mos cósmicos. Sin embargo, la analogía es el ritmo religioso
anterior a la mitología y anterior a Cristo. «La analogía
afirma el tiempo cíclico y desemboca en el sincretismo»
(Paz, p. 133). El diálogo modernista, pues, es aquel que em-
prenden la ironía y la analogía: diálogo contradictorio y
moderno (Paz, p. 135).

En este contexto, difícilmente tratamos el Postmodenis-
mo, aquella reacción a los excesos modernistas, aun reconocida por la crítica como relacionada estrechamente con el
movimiento que le dio nombre. Paz indica que la poesía llamada Postmodernista se inscribe en el movimiento modernista y representa un «cambio notable», pero cambio de actitudes y no de valores (p. 136). Existe un problema de
cronología incluso en las descripciones aceptadas de dicho
movimiento y en las selecciones antológicas que incluyen a
López Velarde, José María Eguren, Alfonso Reyes, Carlos
Sabat Ercasty, Gabriela Mistral, Juna de Ibarbourou, Alfon-
sina Storni y Delmira Agustini, entre otros. A pesar de una
cronología muy enredada, hay que tomar en cuenta que las
características postmodernistas tales como la ironía, el lenguaje coloquial, el prosaísmo, la sencillez lírica y la vuelta
a la tradición clásica hispana, se perciben ya en la obra de

---

[16] Paz, p. 133 y Davison, p. 38.

Darío y sus congéneres. El célebre soneto de González Martínez, «Tuércele el cuello al cisne», ejemplo frecuente de la transición del Modernismo al Postmodernismo, aboga por la transformación de una familia estética a otra y no de una especie a otra. Una de las notas más sobresalientes del Postmodernismo, el uso del lenguaje coloquial, reflejo de lo íntimo y cercano, que expresa una presencia angustiada, encuentra su novedad en ese prosaísmo y no en la angustia existencial. Si en el diálogo entre analogía e ironía, que hemos discutido en relación con el Modernismo, se inserta el prosaísmo postmodernista, observamos la misma oposición, aunque más enfatizada. «El modernismo llega a ser moderno cuando tiene conciencia de su mortalidad, es decir, cuando no se toma en serio, inyecta una dosis de prosa en el verso y hace poesía con la crítica de la poesía» (Paz, pp. 135-36). Esta postura permite sostener que el Modernismo adquiere su propia configuración por medio de una tensión que mantiene la crítica que le hace el Postmodernismo. La estética modernista, pues, entra en otro debate: dialoga con las vanguardias que estallan en Hispanoamérica tanto como en el resto del mundo occidental sobre los años 20. En cuanto a la vanguardia, Apollinaire formaliza su tensión interna con la designación «la aventura y el orden».

Los movimientos de vanguardia indudablemente marcan un acontecimiento grande, único en las artes mundiales. De esa época turbulenta participan al igual los poetas europeos y los de América, tanto los hispanoamericanos como los norteamericanos. Aunque el período parece difícil de perfilar a causa de la rápida sucesión de manifiestos, revistas, tendencias y cambios de actitud estética, estos mismos acontecimientos lo describen. Es vanguardismo, el cambio volátil, el experimentalismo y el abandono de la razón. Foster en «Latin American Vanguardism» concuerda con Harss en la aseveración de que la Revolución Mexicana llevó el desarrollo artístico de Latinoamérica a su plenitud. Respecto de las artes —afirma Foster, señalando otro rasgo vanguardista— se produjo el eclecticismo que juntaba criollismo y universalismo [17].

Entre los críticos angloamericanos hay también una apreciación de la importancia del período tal como estamos proponiendo. Para mencionar sólo algunos, Hough declara que alrededor del año 1914 nace la poesía moderna en lengua inglesa. C. S. Lewis, basándose en la singularidad de la poesía moderna, postula una ruptura en la cultura angloamericana antes de esa fecha [18]. Tenemos presente que el *Modernism* (preminentemente *Imagism*) angloamericano corresponde cronológicamente a la vanguardia europea e hispanoamericana. Mucho de lo que aprecian estos críticos en la modernidad —su autoconciencia, sus vínculos con el Romanticismo, su valoración de lo nuevo (Rosenburg)— se puede aplicar al Modernismo y a la vanguardia hispanoamericana [19]. Hough escribe en 1960 que no hay *avant-garde* que avance; que la revolución pasó, pero que todavía persiste

---

[17] Merlin H. Foster, «Latin American Vanguardism», en *Tradition and Renewal*, ed. Merlin H. Foster (Urbana: Univ. of Illinois Press, 1975), pp. 3-4 y 7-8.

[18] Graham Hough, «A Literary Revolution», en *Image and Experience*, (London: Duckworth, 1960), pp. 4-5 y 42. Este repaso algo desdeñoso de ciertos aspectos de la poesía moderna en lengua inglesa muestra paralelos sorprendentes con la poesía hispánica moderna, véanse pp. 3-38.

[19] Harold Rosenburg, *The Tradition of the New*, 2nd ed. (1959; rpt. New York: McGraw Hill, 1965). La noción de una tradición de lo nuevo estimula una polémica que desborda los propósitos de este estudio. Al mismo tiempo, sostener que una tradición de ruptura (Paz, pp. 145 y ss.) configura una «tradición» entrometida con la clásica, encubriría el sentido de la temática del presente trabajo, que acepta como ya dada la tradición clásica, por ejemplo, Dámaso Alonso, *Poesía Española*, 5.ª ed. (1950; reimp. Madrid: Gredos, 1971). Esta tradición halla su deslinde en los comienzos de la tradición de ruptura y es obviamente éste el sentido que empleamos. Con respecto a los contornos más amplios de esta polémica, compárese T. S. Eliot, «Tradition», «Tradition and The Individual Talent», en *Selected Prose*, ed. John Hayward, (Harmondsworth: Penguin Books, 1953), pp. 20-30; Pedro Salinas, *Jorge Manrique; o Tradición y Originalidad*, 3.ª ed. (Buenos Aires: Ed. Sudaméricana, 1962). Para una breve exposición sobre la relación sugestiva que hay entre la tradición y los modos de la historiografía literaria hispanoamericana, ver Sarah González K. de Mojica, «Utopía», pp. 422-33.

una poesía moderna distinta de lo que se consideraba siempre la poesía (p. 5). Estas ideas insinúan, como hemos visto, que el siglo XX se divide en dos partes —moderna y contemporánea— y que ellas corresponden en gran medida a lo que hemos dicho de la poesía hispanoamericana. Aún más, Ihab Hassan habla del «POSTmodernISM» anglo-americano, el cual se asemeja, con sus naturales diferencias, al llamado postvanguardismo de la América española [20]. Pese a la terminología histórica-cultural, la poesía, ya sea en español, en francés, en alemán o en inglés, sufre grandes conmociones durante esta época y sus particularidades son difíciles de categorizar, excepto en su unidad mayor, es decir, en la unidad que marca la exageración y la culminación de lo que se congrega en el término «vanguardismo». No hay que olvidar que el orden representado por este término surge de la destilación de un «ismo» que es más bien acrático. El que Hough termine por aceptar el *Imagism* [21] y su ataque a la lógica tradicional, equivale a la operación mediante la cual Foster llega a su explicación del concepto *Vanguardismo*, movimiento que estructura su propio ataque a la razón [22].

El término «vanguardismo» también cobra eficacia en un sentido metafórico. Su actitud militante surge de la imagen francesa de la *avant-garde,* la falange de artistas y trabajadores culturales infatigables que marcharán hacia una civilización y hacia un arte transformados, utópicos y nuevos. Jean Franco se equivoca cuando sostiene que los movimientos poéticos en Hispanoamérica no tienen continuidad porque no corresponden a renovaciones técnicas de una tradición formalista, y que comienzan cada vez de nuevo [23]. El creacionismo, el ultraísmo, el estridentismo, etc., sí implican técnicas que a la vez connotan ciertas actitudes (artísticas y

---

[20] Ihab Hassan, «POSTmodernISM: A Paracritical Bibliography», *New Literary History*, 3 (1971), pp. 5-30.
[21] Hough, pp. 3-28, pero en especial, pp. 12-13.
[22] Foster, pp. 49-50. Veremos hasta qué punto este ataque se remonta a la liberación encarnada en el espíritu renacentista.
[23] Franco, *Modern Culture*, pp. 1-2 y 38-39.

sociales) de ruptura, sintetizadas en el término «vanguardismo». Pertenecen, pues, a la tradición joven, por cierto —la tradición de la ruptura que inició el Modernismo. Pero la ruptura ataque a la razón— se preocupaba por encontrar una expresión válida, desnuda y despojada de la representación racional del Modernismo, inspirada por la ilusión de una simetría greco-latina.

Todo este quehacer analítico de comprender y sistematizar los movimientos poéticos que inauguran el siglo modernista refleja por lo menos esto: el eclecticismo y la síntesis. Por lo tanto, trae a la mente la noción de época o medio siglo modernista sostenida por Juan Ramón Jiménez y otros. Esa época modernista, reiteramos, fue un movimiento internacional que sacudió la cultura occidental. Con todos los problemas que acarrea una visión epocal del Modernismo, no obstante apunta al fenómeno al que hacemos referencia ahora. En ese dilema es Octavio Paz quien halla una salida plausible, aunque tampoco exenta de dificultades y peligros.

La modernidad, para Paz, comienza con el Romanticismo europeo y su dinámica es la analogía que afirma esta modernidad y la crítica que la niega. En esa tradición de ruptura, la vanguardia rompe definitivamente con el pasado y consigo misma: «es la gran ruptura y con ella se cierra la tradición de ruptura» (Paz, p. 146). Desde luego, siguiendo este pensamiento, tal como hemos hecho a lo largo de esta introducción, entendemos que la vanguardia extrema las renovaciones del Modernismo y del Romanticismo original. La semejanza más importante entre todas estas rupturas es su predilección por unir vida y arte. *Los hijos del limo* reformula la verdad de esta temática: «Si la poesía es la religión secreta de la era moderna, la política es su religión pública» (Paz, p. 151).

La dualidad antagónica satura tanto a la vanguardia como a los otros movimientos modernos. En Hispanoamérica, una de las manifestaciones que ya se han mencionado es la tensión entre cosmopolitismo y americanismo. Huidobro, el poeta chileno que dio uno de los impulsos fundacionales a la vanguardia hispanoamericana con su creacionismo, inventa realidades en vez de copiarlas, y su lenguaje cosmopolita y visual establece un programa que se inscribe en el hibridismo y que necesariamente gesta una nueva imaginería americana. Jorge Luis Barges, otro pionero vanguardista, hace cosmopolita el nativismo de Argentina en *Fervor de Buenos Aires*. Los primeros experimentos audaces de Huidobro en *Poemas árticos* y *Ecuatorial*, culminan en *Altazor*, que fue publicado sólo en 1931, a pesar de tener una existencia muy anterior. El vocablo «Altazor», como «Trilce» de César Vallejo, es una palabra inventada, cuya connotación revela la unión paradójica de la visión presentada y la apertura lingüística. Huidobro utiliza la imagen bizarra para expresar la visión del antipoeta/mago/cometa mientras se precipita hacia la completa disintegración. La figura del antipoeta/pequeño dios, nos recuerda Paz, es una reelaboración del mito romántico de Lucifer (Paz, p. 185). Además, la aceleración de la caída, como símbolo de las etapas de experimentación vanguardista, imita la evolución del movimiento, que por la necesidad de crear una estética de lo nuevo y del cambio, siempre ha de «perforar el muro, y saltar el abismo» (Paz, p. 159), terminando en su propio agotamiento y desintegración. Podemos decir que *Trilce* también representa una caída, menos espectacular pero más profunda, en la permanente escisión entre el ser humano y sus prójimos. Aquí el medio de expresión está siempre al servicio de la escena familiar, o de la subjetividad del hablante que ocupa un espacio cotidiano.

Pablo Neruda, en su *Residencia en la tierra*, habla con la voz matizada de un surrealismo propio que flotaba en el aire o en el agua, porque Neruda también penetra y es penetrado por un material americano: la realidad antediluvial, el agua del origen. Su angustiada expresión, como la de Vallejo, se precipita con la guerra civil española y las presiones sociales a una dimensión aliada al realismo social y la protesta. Para Vallejo el cambio es más sutil, ya que se inscribe en una línea confesional, en función de los intereses del prójimo, desde *Los heraldos negros.* En Neruda, la transformación que atraviesa las *Residencias* desemboca en una brillante, y a veces irregular, exposición en el *Canto general.* Ambos poetas buscan al auténtico ser americano en su condición social y primigenia.

Paralelamente a estos experimentos de una poesía «impura», está la llamada poesía «pura» que practican los cubanos Brull y Florit. Marcada por la generación del '27, la corriente purista encuentra a sus congéneres en Borges, Villanueva y Gorostiza, en cuanto éstos retornan al orden generado por el cultivo de formas clásicas. Ocupa, por lo tanto, el polo opuesto al de la poesía social, en función de la revolución. El surrealismo oficial no llegó a ejercer gran dominio en la primera época del período vanguardista, con la excepción del peruano César Moro y el grupo chileno la Mandrágora, integrado por Braulio Arenas, Gonzalo Rojas y Teófilo Cid, entre otros. La vanguardia, pues, efectuó una especie de polarización que se redujo a lo que Paz llama las dos academias: la del realismo socialista y la de los vanguardistas arrepentidos [24].

Alrededor del año 1945 varios poetas retoman la tarea vanguardista, o sea, según algunos, dan inicio a la postvanguardia. Este regreso, o comienzo, ya es anunciado en cierta forma por la revuelta que asociamos a Borges y otros, y el retorno a una poesía depurada. En general, podemos declarar que el «orden» a que hacía referencia Apollinaire se hace sentir en esta retoma de la actitvidad vanguardista. Junto a Neruda y Borges, aún vigorosos entonces, aparecen figuras como Lezama Lima, Octavio Paz y Nicanor Parra. La poesía de la década anterior a los '50 se compromete plenamente con el surrealismo doctrinal, yuxtapuesto y aliado con el existencialismo. En este regreso a la vanguardia, regreso silencioso, secreto, desengañado, hay una quiebra de toda pretensión de objetividad. *La Fijeza* de Lezama Lima, *Libertad bajo*

---

[24] Las ideas de éste y del siguiente párrafo son tomadas de Paz, pp. 192-94.

palabra de Octavio Paz y *Poemas y Antipoemas* de Nicanor Parra, mantienen cierta exploración ordenada en vez de la invención insólita de la primera *avant-garde*. Es, pues, una rebelión contra las academias de la vieja vanguardia y contra ella mismos. La contradicción inherente a esta rebelión —comienzo del período propiamente contemporáneo de la poesía hispanoamericana— es también arranque del fin de la época de ruptura. En esta otra versión del primer cuestionamiento vanguardista, entran en juego la actividad humana, la noción del objeto literario y el lenguaje.

Aunque Paz señala a Álvaro Mutis como participante en este recomienzo, nosotros lo ubicamos —siguiendo a Pedro Lastra —en una generación más reciente, la de los poetas nacidos entre 1920 y 1934: Eliseo Diego, Ernesto Cardenal, Carlos Germán Belli, Enrique Lihn, Juan Gelman y Roberto Fernández Retamar, junto a figuras de transición como Gonzalo Rojas y Joaquín Pasos, nacidos poco antes de 1920 [25]. Ya hemos mencionado a Rojas por su participación en el surrealismo del grupo Mandrágora. Ernesto Cardenal, el más conocido de ellos claramente continúa la línea del realismo socialista, bajo el influjo del norteamericano Ezra Pound. Lastra incluye en la generación siguiente a los poetas nacidos entre 1935 y 1949. Pertenecen a este grupo, entre otros, Jorge Teillier, Oscar Hahn, José Emilio Pacheco y Antonio Cisneros.

En el contexto que acabamos de explicitar, surge y se desarrolla la poesía de Carlos Germán Belli, que representa una lograda síntesis de la tradición poética peninsular, de la modernidad hispanoamericana y aun de la crisis de esa misma modernidad.

---

[25] Estas agrupaciones corresponden a las líneas generacionales trazadas en Pedro Lastra, «Las actuales promociones poéticas», *Estudios de Lengua y Literatura como Humanidades* (Santiago: Univ. de Chile, 1960), pp. 115-26, que trata únicamente poetas chilenos. El enfoque más amplio se basa en Pedro Lastra, ed., «Muestra de la poesía hispanoamericana actual», *Hispamérica*, 11-12 (1975), pp. 75-147.

C. G. Belli nació en la ciudad peruana de Chorrillos en 1927. Su padre, de ascendencia italiana, fue cónsul del Perú en Holanda y era aficionado a la pintura. Murió poco después de la formación del joven Belli en el Colegio Raimondi, de Lima. Belli tuvo que buscar trabajo a una temprana edad debido a los escasos ingresos de su madre, quien se desempeñaba en una farmacia. Ella murió en 1957, dejando al cuidado de Carlos Germán a su hermano Alfonso, inválido de nacimiento. Belli ha sido funcionario por más de 25 años de la administración pública. También ha sido traductor y periodista cultural. En 1958 se casó con Carmen Benavente y tiene dos hijas. Ese año apareció su primer libro: *Poemas*, y en 1960 la *plaquette, Dentro y Fuera. ¡Oh Hada Cibernética!* (1961 y 1962) ganó el Premio Nacional de Poesía en 1963. Luego siguen *El pie sobre el cuello* (1964) y *Por el monte abajo* (1966). En 1967 se publica en Montevideo una nueva edición de *El pie sobre el cuello* que reúne todos los libros anteriores. Tres años después, en 1970, aparece *Sextinas y otros poemas*, en Santiago de Chile, y al año siguiente, Monte Ávila, de Venezuela, imprime otra edición de *¡Oh Hada Cibernética!* (1971), que incluye una selección de poemas de todos los volúmenes precedentes, más un texto inédito: *El libro de los nones*. En 1979 aparece en México su obra *En alabanza del bolo alimenticio* [26].

La modernidad es una percepción, una vibración compartida, un temple del espíritu, y tanto es así que todos sen-

---

[26] César Lévano, «Una primavera florida», *Caretas*, 14, N.º 297 (1964), p. 27 y Julio Ortega, «Carlos Germán Belli prepara su poesía completa», Suplemento dominical de *La Prensa* (Lima), 12 nov., 1965, p. 30. Las siguientes abreviaciones corresponden a los títulos de las obras estudiadas:
Poemas: (P)
Dentro y Fuera: (DF)
¡Oh Hada Cibernética! (1971): (HC)
El pie sobre el cuello (1967): (PC)
Por el monte abajo: (MA)
Sextinas y otros poemas: (S)
En alabanza del bolo alimenticio: (BA)
No figura en el presente estudio el último libro de Belli, *Canciones y otros poemas* (México: Premiá, 1982).

timos la presión de lo moderno como una presencia. Los signos más obvios de esta presencia son los productos de una tecnología que ha transformado el mundo y que lo impulsa en la dirección de un futuro inseguro. Al mismo tiempo, la palabra «moderno», como vocablo descriptivo, pretende delimitar objetivamente —e inútilmente, agregamos— un período histórico. Aunque es una imposibilidad definir adecuadamente la modernidad en términos positivos, todos intuimos algo de su esencia. Esto explica por qué Hugo Friedrich ha declarado que la poesía moderna se describe mejor en términos negativos: es decir por lo que ella no es [27]. Octavio Paz, por su parte, supera esta contradicción al decir: «la literatura moderna se niega y, al negarse, se afirma-confirma su modernidad» (p. 55).

Aunque aceptamos este concepto de lo moderno, tenemos presente que la vaguedad que todavía acecha a esta noción es, por ahora, insuperable. En verdad, para nuestro propósito no necesitamos de una definición rígida de lo que es la modernidad. Nos basta con las puntualizaciones de Octavio Paz, que regirán nuestro trabajo.

La crítica interna de la literatura moderna, es decir, la idea de la obra de arte independizada de los valores no literarios, produce a la vez el culto de sí misma y su autocuestionamiento como «objeto» ficticio. En el seno de este programa que consuma «la crítica del objeto y la del sujeto... el objeto se disuelve en el acto instantáneo; y el sujeto es una cristalización más o menos fortuita del lenguaje» (Paz, p. 207). La estructuración de la obra como una presencia que se autocontempla y la configuración del poeta como un ser que «desaparece detrás de su voz, una voz que es suya porque es la voz del lenguaje, la voz de nadie y de todos» (ibíd.), es el programa poético de nuestros días. Nuestro propósito es examinar de qué modo dicho proyecto cristaliza

---

[27] Hugo Friedrich, *The Structure of Modern Poetry*, trans. Joachim Neugroschel (Evanston: Northwestern Univ. Press, 1974).

y al mismo tiempo entra en crisis en la poesía de Carlos Germán Belli.

La lírica de este siglo, en especial la llamada lírica «pura», ha puesto una tradición selecta al servicio de la creación de un fenómeno moderno. Dentro del mismo programa, la liberación de la palabra y de la técnica poética más allá de las pautas de la herencia cultural, forma parte de otro aspecto de la prolongada contienda romántica y del ensanchamiento del ámbito poético. Permite indicar en qué medida el formalismo moderno, p. ej. la estética del *collage*, se revela en el eclecticismo lingüístico del experimento moderno en poesía.

En cuanto a esto, y en el panorama de la poesía actual en Hispanoamérica, la voz irónica de Carlos Germán Belli suena con el gemido amortiguado de una oposición cuya naturaleza contradictoria ocupa un sitio especial. El «seno hambriento» de su poesía cobija una dualidad paradigmática que se manifiesta con esmero en la sutil manipulación de las señaladas potencias estéticas. El claro teatralismo con que Belli provoca la tensión convencionalizada de la modernidad, apela a una resolución tajante. Pero la instigación impelida por él no promete conducir a otra incursión en los espacios conocidos de la bizarría; por el contrario, fomenta en el lector el desconcierto estético: «No te valía, no, siquiera un bledo, / que el supersónico aquilón juntare / a dulce Cloris con su amante Tirsis, / nunca hidrópico» (PC, p. 88). Este tipo de tratamiento hiperbólico, que a lo largo de su obra, rota obsesivamente sobre materiales modernos y tradicionales, sugiere el autocuestionamiento de su hibridismo obvio. Para Belli, todo el pasado, e incluso el proyecto moderno, es «un atril y un libro y un claro plectro / a los sedientos plagios destinado» (PC, p. 59).

En la curiosa textura que marca la totalidad de la obra belliana, la uniformidad temática contrasta *formalmente* con el hibridismo de la escritura y realza *otra* temática a un nivel superior. La exageración consciente de estas oposiciones perfila una ironía no convencional y pone en tela de juicio precisamente esta nueva temática: su modernidad.

Siguiendo a Martínez Bonati [28], es necesario reconocer que la dualidad de forma y fondo, empleada como punto de mira analítico, encubre la riqueza de una dinámica de lo moderno y de lo tradicional sobre la cual se proyecta toda la visión poética de Carlos Belli. Por lo tanto, los críticos [29] que señalan una mutua negación como estética final para esta poesía no se han equivocado, pero tampoco han vislumbrado la profundidad que hay más allá de esta misma anulación. A lo largo de su obra, Belli cuestiona la continua transición que sufre el espíritu moderno. Esta mutua negación moderna es problematizada por Belli mediante una rigidez temática y una insistente dicción rebuscada y pasada de moda. Algunos consideran que Belli ha incurrido en el manierismo [30], pero a nuestro modo de ver es una limitación autoimpuesta. Las obsesiones poéticas de Belli son consecuentes con su percepción del mundo, del hablante y del oyente imaginarios, que son su contribución artística. A fin de cuentas, la situación comunicada total es la unidad, de la cual depende el desconcierto final de su estética y provee el contexto para su cuestionamiento:

---

[28] Félix Martínez Bonati, *La estructura de la obra literaria*, 2.ª ed. (Buenos Aires: Seix Barral, 1972), pp. 27-30.

[29] Señalamos a algunos: Mario Benedetti, «Carlos Germán Belli en el cepo metafísico», en su *Letras del continente mestizo* (Montevideo: Arca, 1969), pp. 136-40; Julio Ortega, «Carlos Germán Belli», en *Figuración de la persona* (Barcelona: Edhasa, 1971), pp. 129-36; Federico Schopf, res. de *¡Oh Hada Cibernética!*, AUCh, 132 (oct.-dic., 1964), pp. 228-31; F. Lasarte, «Pastoral and Counter-Pastoral: The Dynamics of Belli's Poetic Despair», MLN, 94 (1971), pp. 301-20; Ignacio Valente, res. de *Sextinas y otros poemas*, El Mercurio (Santiago de Chile), 16 ago. 1970, p. 3. Valente caracteriza la poesía de Belli como una anti-antipoesía. Aunque su punto apoya la mutua negación que tocamos, no alcanza a explicar la óptica belliana la cual no es anti-antipoética, sino que representa más bien un salto geométrico. Salvador Puig, «Entre Vallejo y los clásicos», *El Comercio* (Lima), 7 enero, 1968, p. 35, pone en duda la modernidad de la poesía de Belli porque no ha creado una nueva mitología.

[30] Por ejemplo, Abelardo Oquendo, «Belli, una coyuntura difícil», *El Comercio*, 6 sep., 1970, p. 26; Antonio Cisneros, res. de *Por el monte abajo*, Amaru, 1 (1967), 89-92.

> *como cuando el gigante*
> *a los pigmeos dice: «¡bah, hi de pulga!»*
> (HC, p. 43).

Varios aspectos relativos al tamaño de las cosas se destacan en esta lírica, y como ha observado Mario Benedetti, Belli «ha logrado conmover el sólido edificio de la poesía peruana» (p. 136) con su producción «pequeña». En esto Belli sigue perfectamente la huella de poetas anteriores como Eguren y Vallejo, imprescindibles en el fundamento de ese edificio, con obras también sólidas pero poco abundantes. Las dimensiones de las miniaturas bellianas representan uno de los límites posibles en la lírica moderna y contrastan con el límite opuesto —el de la abundancia verbal— practicado por el chileno Enrique Lihn. El juego de lo grande y lo pequeño no es una mera coincidencia, porque en el espacio que delimitan, los «gigantes y pigmeos» viven una situación difícil, marginada por la sátira y el sueño ilusorio. Los liliputienses que dibujó Swift en *Los viajes de Gulliver* han invadido el país de las maravillas, pero en este país el humor «gris» nos recuerda la ausencia de una figura aliciana en un reino donde el hablante «y muchos peruanitos» padecen las graves consecuencias de su frustrante incapacidad para agrandar su tamaño y su status social. La poética de esta incapacidad orquesta los tonos del hablante belliano, el cual ha sido descrito por Vargas Llosa como una «bestia enjaulada» [31], y dibuja a la vez los contornos de un pesadillesco drama de figuras que son, simultáneamente, más y también menos grandes que la realidad, según puede comprobarse en «Segregación N.º 1».

El juego mítico de esta variación de tamaño se relaciona además con la magia de la figura del Hada Cibernética —invención de Belli— que brota de la ilusión y de la necesidad concreta. El simulacro mítico-mágico imita la factura y el proceso del cuerpo entero de su poesía. El axioma de los es-

---

[31] Mario Vargas Llosa citado por Pedro Lastra, «Después de Vallejo (Poesía de Carlos Germán Belli)», *La Nación*, 14 mayo, 1967, p. 5.

tudios mitológicos —«todo fragmento significativo repite el todo»— se complementa en la noción de que esta poesía requiere una lectura de conjunto para evitar la extrañeza causada por la lectura de textos aislados [32]. Al mismo tiempo, Higgins opina que el corpus belliano parece ser un poema largo que se consume en las repetidas variaciones de sus «fragmentos». Naturalmente, la condición embriónica de los textos, redondeados en versiones posteriores, y la conjugación incestuosa de versos, títulos y libros, anuncian una *summa* orgánicamente perfeccionada.

Esta aproximación a una perspectiva comprensiva permite aseverar que la visión que nutre su creación lírica, sin duda se concentra en un mundo cerrado y gira en torno a las preocupaciones de la persona y del cuerpo humano [33]. A diferencia de la sugestión envuelta en el título que da Guillermo Sucre a *La máscara, la transparencia*, la transparente *persona* belliana vuelve a proyectar un cuerpo mortal [34]. La simple evidencia del título *Dentro y Fuera* demuestra el interés cuasi-científico de Belli en la vivisección lingüística de los procesos naturales interiores y exteriores. Ilustramos esa doble penetración consciente en la correspondencia entre poema singular y poema/obra total:

> *¡Oh alimenticio bolo, mas de polvo!*
> *¿quién os ha formado?*

---

[32] Javier Sologuren, *Tres poetas, tres obras* (Lima: Instituto Raúl Porras Barrenechea, 1969), p. 30, hace esta observación citando a Mircea Eliade. En todo el párrafo, me baso en ideas de Sologuren, A. Oquendo, res. de *El pie sobre el cuello, Revista Peruana de Cultura*, 3 (oct., 1964), p. 147 y «Conyuntura», p. 26; James Higgins, «The Poetry of Carlos Germán Belli», *BHS*, 47 (oct., 1970), pp. 327-29; Gordon Brotherston, «Modern Priorities», en *Latin American Poetry: Origins and Presence*, Cambridge: Cambridge Univ. Press, 1975), pp. 177-78.

[33] Esta observación concuerda en parte con: Julio Ortega, *Figuración*, p. 130; Ignacio Valente, res. de *Sextinas*, p. 3; A. Oquendo, res. de *El pie sobre el cuello*, p. 145 y «Conyuntura», p. 26; A. Cisneros, res. de *Por el monte abajo*, p. 91.

[34] Guillermo Sucre, *La máscara, la transparencia* (Caracas: Monte Ávila, 1975).

Y todo se remonta
a la tenue relación
entre la muerte y el huracán,
que estriba en que la muerte alisa
el contenido de los cuerpos,
y el huracán los lugares
donde residen los cuerpos,
y que después convierten juntamente
y ensalivan
tanto los cuerpos como los lugares,
en cual inmenso y raro
alimenticio bolo, mas de polvo.
(PC, p. 48).

En este poema la tensión entre lo pequeño y lo grande, es insertada en el marco de los procesos naturales y a la medida de la comprensión humana. Por supuesto, la ausencia de respuesta a la pregunta teológica «¿quién os ha formado?», se desprende de la necesidad de una divinidad convencional: «todo se remonta / a la tenue relación / entre la muerte y el huracán». Este es otro indicio de la mitología que se funda en el binomio trivial/inmanente, reiterado en mundo/MUNDO, poema/OBRA.

Como ha anotado Jean Franco en *César Vallejo: The Dialectics of Poetry and Silence:* «What immediately strikes the reader of the *Poemas Humanos* is the setting of the trivial within the perspective of death, which recalls the poetry of the Golden Age» [35]. En un sentido amplio, podemos observar lo mismo en Belli. Su parentesco con Vallejo pertenece a una corriente hispánica que se remonta a Quevedo y que Vallejo había revitalizado para la actualidad. No hay duda de que el peso del Siglo de Oro se hace sentir en Belli; y en otra versión de «la parte repite el todo», estas

---

[35] Jean Franco, *Cesar Vallejo: The Dialectics of Poetry and Silence* (Cambridge: Cambridge Univ. Press, 1976), p. 194.

semejanzas traen a la mente la noción totalizadora que dio Mallarmé al LIBRO. Borges también juega (en sus laberínticas Bibliotecas) con esta concepción muy extendida en el siglo XX. En estas formulaciones analógicas de una vida que se destina a terminar en un libro, la literatura ocupa el lugar de la salvación religiosa, la salvación por la palabra poética. El tema de la salvción junto con las insistentes reiteraciones estilísticas que emplea Belli, comparten un ritmo incantatorio y primitivo, un atavismo culto. La resonancia del metálico robot —canto de la otra religión pública: la ciencia tecnológica— es contrapunto en este ritmo curioso. Aunque la religión tiene una cara que suele asociarse con la magia, en Belli la religión privada es la poesía que repite «Las fórmulas mágicas», que «tienen el fino peso de la arena» (PC, p. 25), y que, además, se relacionan con el sueño. Estas fórmulas, que expresan el deseo del hablante siempre «laico», se invocan en vano, porque le entregan una mujer fantasma que nunca llega a Lima. Los poemas vuelven a repetir las fórmulas, pues los poemas mismos son fórmulas mágicas; y toda la labor poética, vista en el alimenticio bolo/mundo, documenta la deseada o indeseada transformación de la realidad.

En vista de estas consideraciones, y tomando en cuenta, en particular, la uniformidad sintética de esta poesía, cuya esencia orgánica se mide en las dimensiones del despliegue de la interioridad —un diario de la intimidad— seguiremos en este estudio un desarrollo de tres periodos. En el primer capítulo, examinaremos los fundamentos del mundo y del hablante imaginarios establecidos en *Poemas* y *Dentro y Fuera*. El segundo capítulo trata del «microuniverso» aportado en *¡Oh Hada Cibernética!*, *El pie sobre el cuello* y *Por el monte abajo*, donde la cualidad inherente de los materiales permite considerar el conjunto, desprendido un poco del avance lógico y necesario del primer período. El tercer capítulo enfoca los libros más recientes, *Sextinas y otros poemas* y *En alabanza del bolo alimenticio*, los cuales ponen

en entredicho el desgaste textual y el mismo desarrollo al
que hemos aludido [36].

---

[36] En una entrevista, E. G. B., «La pequeña muerte de todos los
días», *El Nacional* (Caracas), 11 abril, 1976, Belli aclara que el «microuniverso» de HC, PC, MA se destaca del bloque de su poesía y,
además menciona la apertura sutil aportada en *Sextinas*.

I. GESTACIÓN DE LA MÁQUINA DIOSA

Poemas (1958) y *Dentro y Fuera* (1960) marcan las bases conceptuales sobre las cuales se materializan los contornos de un mundo imaginario. Algo del misterio y del juego de claroscuro con que captamos esta temprana visión se debe a la óptica borrosa y sugestiva que después escudriñará minuciosamente este espacio.

En esta etapa inicial domina claramente una búsqueda lingüística que sigue tres líneas: el letrismo, asociado con la poesía concreta; el hablar onírico, pariente del surrealismo; y el verso de corte clásico[1]. Esta primera y obvia experimentación, en vista de la cohesión lingüística de los versos posteriores, da la sensación de una serie de potencias desparramadas en varias direcciones. Es la misma sensación que, a la inversa, ayuda la expectativa de apertura que comentan algunos observadores y que se frustra repetidas veces en el desarrollo tardía[2]. Más importante aún es la búsqueda de la combinación lingüística, mágica y poética.

En cambio, la temática belliana aparece ya casi completa con estos primeros textos, bajo el aspecto de un conjunto de leitmotifs, que constituyen un entramado lógico. Siguiendo a Javier Sologuren (*Tres poetas*, pp. 9-28), ofrecemos aquí

---

[1] Leonidas Cevallos Mesones, «Sobre la poesía de Belli», *Mundo Nuevo*, 8 (feb., 1967), p. 84.
[2] Véase la nota 30 de la Introducción y A. Oquendo, «Coyuntura», p. 26.

una lista de los temas principales de los primeros libros:
el hermano tullido; la discriminación ético-etnológica; la
postergación y la paranoia; la enajenación burocrática y la
denuncia social; los procesos naturales, en especial, la ingestión de comida; la evocación utópica, y la poesía o la
salvación mediante la palabra. Si bien la lista no es completa, tiene que ver con la proximidad de los temas y es
fácil entender el deseo de reducirlos a uno sólo. De hecho,
se puede muy bien identificar un tema central, la injusticia
social, por ejemplo. Hay otro núcleo temático: el antitético
amor-muerte, que se asocia más que casualmente con el de
la injusticia social y que sirve de trasfondo omnipresente.
No queremos negar la validez de estas consideracioes (más
tarde cobran una eficacia mayor, p. ej. la injusticia del amor,
de la invalidez física), pero es evidente que los temas caracterizan una condición vital, y apuntan al sujeto que reflexiona
sobre los mismos. Además, estos temas son los que tocan
a diario al hombre común que habita un mundo reconocible.
Este, vestido con todos los uniformes apropiados, se encuentra en un duro trance: el de ocupar el hito —tierra de nadie— que separa realidad e idealidad. Este problema y su
solución residen en la conciencia humana que se aloja en
ese espacio y que se yergue sobre el abismo, con un pie en
cada orilla. Es un problema realista y existencial cuyas circunstancias se exponen en la temática señalada arriba. Es
preferible, como consecuencia de los textos tratados, abar-
carla en los términos de la polaridad materialismo/idealismo,
porque delimitan un marco adecuado para la búsqueda metafísica del que no desprecia la autocompasión [3].

---

[3] La polaridad sobre la que exponemos las dimensiones de esta
primera experimentación belliana concuerda, en sentido amplio,
con Sologuren, «Se establece, así, una relación entre el poeta en su
humana peripecia y circunstancia, de una parte, y la idealizada sugestión de un inventado estilo de vida: el pastoril», *Tres poetas*,
p. 9. En un sentido más restringido, esta peripecia humana tiene
una aplicación especial en mi análisis del poema «Variaciones para
mi hermano Alfonso» que sigue párrafos en adelante. Para un
breve comentario de este poema, en algunos puntos similar al
mío, véase Sologuren, *Tres poetas*, pp. 14-15.

Desde el principio, empezamos a identificar las vinculaciones estrechas que existen entre la temática y los personajes, aunque no apuntamos a una alegorización, sino más bien a cualidades emblemáticas. Es oportuno introducir dos figuras claves que incorporan, cada una, las dinámicas de la polaridad ya anunciada. Primero, la figura del hermano inválido, cuya presencia se hace sentir con dolorido realismo. Segundo, un personaje cuya inocencia y misterio se gestan en el sueño. Esta figura, que nunca está presente, salvo en las peticiones del hablante, es capaz de oponerse a los males que persiguen al 'yo' y a los suyos. Además, es también capaz de transformar el mundo en un acto de piedad que debe predicarse con la fuerza del deseo del sujeto que habla [4].

Barbara Smith, al estudiar el «cierre» poético, reanima el interés en la terminación estructural de cada poema, lo cual tiene una aplicación particular con respecto a la trayectoria finalizante que marca la obra de Belli. Basándose en una comparación entre la poesía y la música, Smith dice: «like musical notation, the printed words of a poem are not so much the symbolic representation of sounds as a conventionalized system of directions for making them» [5].

---

[4] Aunque se sabe que Carlos Germán Belli tiene un hermano llamado Alfonso, inválido de nacimiento, este hecho verificable no entra en el poema sino teóricamente. Podemos compadecernos por igual de la injusticia de la situación de Alfonso y de la pena que siente el poeta/hablante, conociendo en general la situación humana del amor fraternal, de la invalidez, del deseo de alivio y liberación; o sea, se puede comprender la situación imaginada, recurriendo sólo a los informes aportados por el texto. Tomemos en cuenta también que el Alfonso imaginado en el poema tiene la misma relación lógica con el poeta/hablante que la que rige entre éste y el Hada Cibernética. Ambas figuras son proyecciones del discurso poético, sean cuales fueren sus vínculos con la realidad empírica. Y sólo nos es dado, como lectores, compartir la expresión del poeta sobre estas relaciones, proyectándolas individualmente desde su situación comunicada. Véase Martínez Bonati, *Estructura*, pp. 146-48 y 163-64.

[5] Barbara Herrnstein Smith, *Poetic Closure* (Chicago: Univ. of Chicago Press, 1968), p. 9. Es importante tener presente la diferencia que hay entre la partitura musical y la frase real inauténtica-pseudofrase. Está claro que la partitura no es frase de ninguna forma lingüística; pero como Martínez Bonati demuestra, la parti-

Esta idea es productiva si la aplicamos al poema «Variaciones para mi hermano Alfonso»:

1

(casi soneto)

Para tu mudanza, ¿dónde habrá un suelo
de claro polvo y cálido recodo,
en que tus breves pies con tierno modo
equilibren la sangre de tu cuerpo?

O para tu vuelo, ¿cuándo habrá un viento
que llegue a tu costado como un soplo,
y te traslade de uno a otro polo,
pasando el edificio, el valle, el cielo?

Pues estás como dura ostra fijo,
sin que nadie te llame y te descorra
el plumaje del ave, hermano mío.

¿Por qué no llega la luz hasta el umbral
de tus huesos para que tus pies corran
por primera vez sobre el propio mar?

2

(vigilia)

Los caminos de los alrededores
no han tocado la punta de sus pies.

La amorosa pobladora de al lado
lo va dejando a la zaga del orbe.

Su cuerpo no conoce el espacio
por que nunca lo ha ayudado el viento.

---

tura, en cuanto posible, correspondería a la pseudofrase productiva. Ver Martínez Bonati, *Estructura*, p. 129 y nota.

3a

A la usanza de los tiempos
en que el caballo de mar
se cimbreaba
entre una corriente helada
y una tibia,
¡ay! mi hermano
siempre lejos,
sin pisar
el territorio de cal,
sin mudanza,
entre reflejos de cuellos
de palomas.

Pero la verde legumbre
y la aves
con sus alas,
bajarán a enriquecer
algún día
las entrañas de sus pies,
cuando llegue
a su ruta,
con pedales sensoriales,
la hora de la revuelta.

3b

A similitud de los manantiales,
que brotan de repente
de la roca más dura,
en medio del ozono azul del viento,
la revuelta te dará facultades
para hablar,
escribir
y andar sobre las nubes,
más una chispa de hulla en la mirada.

4

(fonemas)

Al ras del suelo
bebé gamba abokarié
niño gamba ibirikí

Giá uomo gamba abokoró
con bastones troc troc

Nella mattina gamba abokarié
nella notte gamba abokoró
nella mattina electrec
trec treec treeec
nella notte electroc
troc trooc troooc

(PC, pp. 18-20).

Tanto el título de este poema como su estructura para-táctica sugieren un tema musical con variaciones. Estas variaciones sobre la injusticia de la invalidez física son orquestadas, según indican los epígrafes parentéticos «(casi soneto)», etc., de manera semejante a las indicaciones musicales («moderato», «crescendo», etc.). Es notable, además, que el texto abre con la estrofa más «clásica» y termina con fonemas; los sonidos sueltos que se acercan al formalismo puro de la música.

Pero la estrofa final no se destaca del repertorio inicial del poeta simplemente por su factura lingüística amorfa. Hay poemas completos, como «Expansión Sonora Biliar», hechos de fonemas que sólo marginalmente significan. Lo que llama la atención es el hecho de que «Variaciones» comienza con una muestra obvia de contención lingüística y termina con la completa liberación de una formalidad convencional. Las cuatro estrofas, vistas en conjunto y en el orden de su colocación: casi soneto — versos casi pareados — versos libres — fonemas, representan una abreviada historia de la versificación.

Ahora bien, estas variaciones formales conducen, a través de los versos, a una liberación lingüística en apoyo de la deseada liberación del hermano. Pero es irónico que las variaciones literalmente no progresen, sino que den vueltas sobre el mismo punto temático. Los versos se mueven pero no avanzan, y por lo tanto dibujan la figura inmóvil del hermano. Cabe pensar, no obstante, que la energía textual, a otro nivel, precipite las condiciones para su progresión. Esta tensión entre la inmovilidad y el avance configura un espacio propicio para la entrada al mundo poético de Carlos Germán Belli.

1. Casi soneto

Es evidente que, en rigor, hay cuatro finales posibles en el poema, puesto que cada sección mantiene su propio contorno dentro del todo, con la excepción de la última, que cumple a la vez una doble función culminante. Observamos, sin embargo, que el último terceto del casi-soneto implica continuación aun en posición culminante, y además, advierte de las desviaciones con respecto a ciertas normas métricas. Es cierto que el casi soneto cumple con la división estrófica convencional, al igual que los versos endecasílabos. La rima, en cambio, se aproxima a la consonancia, pero su mezcla con la asonancia (ABBA CDDC EFE GHG) representa una ligera desviación. Las estrofas, salvo el primer terceto, que sirve como piedra de toque («como dura ostra fijo»), son un cuestionario dirigido a la condición inválida de Alfonso, cuestionario que éste es incapaz de responder. Se entiende que las preguntas se destinan a otra esfera, divina quizás. De todas formas, el hablante pide que se configuren un tiempo, un lugar y una razón, ahora inexistentes. En el golpe acentual que cae sobre la séptima sílaba del dónde y del cuándo de las preguntas pareadas, suena la nota de una expectativa irónica.

En la primera estrofa, la «mudanza» que parece referirse al movimiento terrenal, contraparte de «suelo», también deja abierta otra connotación —mortal— la cual, a su vez, equivale a la otredad de aquel suelo «de claro polvo» donde el hermano podría caminar. El conjunto rítmico del segundo verso, «claro polvo y cálido recodo», se apresura en el contexto del equilibrio rítmico-físico y sugiere la deseada posibilidad de que el correr de la sangre contagie a los pies. La armonía vocálica redondeada en la «o» en esta estrofa y en la segunda, nos ayuda a concebir un lugar donde los pies incompletos puedan completarse. La «o», en adición, contrasta con la ruptura que ejercen las vocales más agudas y subraya la metonimia «breves pies». La ironía que encierra la expectativa de un equilibrio alcanzado en la otredad radica en el hecho de que la falta de movimiento de la sangre en la muerte equilibrará la falta de movimiento en los pies, ahora y entonces. Precisamente por eso mantenemos viva la posibilidad de que el hablante no exprese un deseo por la liberación del cuerpo mortal, sino por otra.

El segundo cuarteto equipara «vuelo» con «viento» y entonces mantiene un equilibrio natural con la progresión caminar-suelo, volar-viento, de cuya falta padece Alfonso. Sin embargo, el vuelo representa literalmente una progresión diferente y en cierto sentido opuesta al movimiento terrenal. Esta progresión es paralela al cambio del ámbito del cuestionamiento —del dónde al cuándo— en virtud del cual se entiende que su intenso deseo sólo puede cumplirse en un tiempo futuro. Pero el deseo que se esfuma en el mañana lleva a Alfonso a saltar aun por encima del cielo y por tanto parece recordarle la ilusoria liberación que provee la muerte. Entrometida en este equilibirio —literal y lógico— de los sueños del poeta, la ilusión absurda rompe el encanto y lo hace aterrizar en la realidad.

En el primer terceto, la descripción realista del hermano —con el símil de la dura ostra— yace ahí, inmóvil, innegable.

La injusticia, que ha estimulado la necesidad de reparar el desajuste real, se pondera mediante el hipérbaton que traslada «fijo» al final del verso, como amarrándolo al suelo, descubriendo al mismo tiempo un tono resignado, piadoso y tierno. Aún más, este desplazamiento desde el deseo idealista hasta la condición realista, conforma el (anti-) clímax convencional y prefigura la ausencia de quien le alivie con su llamada («sin que nadie te llame»). Esta llamada lo llevaría a «descorrer» el plumaje del ave y a sumarse al contraste ya implícito en la dupla ave-ostra. La amfibología «descorrer», mediante el prefijo «des», juega irónicamente con la falta de capacidad ambulatoria, y a la vez con el despliegue del plumaje (vuelo), que reduce la importancia de los pies. La ironía, por lo tanto, ayuda a conservar la ambigüedad de la deseada mudanza, sin que sepamos si es transformación en vida o en muerte. En la figura del ave que pervive como una esperanza atrapada en la dureza de la ostra, podemos ver la posibilidad de un milagro, típico de los cuentos de hadas, donde una muestra de afecto (beso) ejerce una liberación.

Pero, al igual que la luz que no llega «hasta el umbral de / tus huesos», tampoco el último terceto produce la conclusión brillante que se espera. Quizás sea esa la razón por la cual es casi soneto. El poeta rearma el cuestionario continuando con el tono del comienzo, un retorno intrínseco a la necesidad de consuelo. Como sabemos, el mero hecho de terminar un soneto con una pregunta no impide su eficacia. El «Salmo XVIII» de Quevedo expresa el desengaño final empleando los términos de la conocida fugacidad de la vida:

Todo tras sí lo lleva el año breve
de la vida mortal, burlando el brío
al acero valiente, al mármol frío,
que contra el Tiempo su dureza atreve.

Antes que sepa andar el pie, se mueve
camino de la muerte, donde envío

mi vida oscura: pobre y turbio río
que negro mar con altas ondas bebe.

Todo corto momento es paso largo
que doy, a mi pesar, en tal jornada,
pues, parado y durmiendo, siempre aguijo.

Breve suspiro, y último, y amargo,
es la muerte, forzosa y heredada:
mas si es ley, y no pena, ¿qué me aflijo? [6]

La respuesta necesaria motivada por esta pregunta postrera, *es* un salmo que vive en la experiencia del hablante poético, y es compartida por el lector. El soneto quevediano fluye lógica pero inevitablemente hacia la pregunta final. Hay también una progresión en el casi soneto, pero allí la mudanza imaginada es ambigua. En la ausencia de una clara indicación de la presencia de la muerte, el movimiento parece saltar por sobre el equilibrio cinético del primer cuarteto, al vuelo, y luego al deseado caminar sobre el agua del último terceto de Belli. En comparación con el «Salmo», el casi soneto ilumina la paradoja del hermano, que no camina como un hombre hecho y derecho hacia su fin, pero que de todas formas «se mueve / camino de la muerte». Además, la pregunta final del soneto belliano protesta, no contra esa ley mortal, siempre justiciera, sino por la injusticia física que la antecede. Esta pregunta no presenta el desengaño estoico, más bien hace referencia a un más allá textual. Tampoco pide un lugar o un tiempo deseado sino la razón para explicar la única respuesta posible pero inaceptable: «Así es la vida». Pero el soneto sigue insistiendo en la tranformación de esta «pena», y hay, pues, la sugestión de una síntesis milagrosa, como la que reveló Cristo al andar sobre las aguas.

Reconocemos varias objetividades comunes en los dos sonetos: pies, caminos, suelos, mar. En el soneto de Queve-

---

[6] *Renaissance and Baroque Poetry of Spain,* ed. Elías L. Rivers, (New York: Dell, 1966), p. 265.

do, estas objetividades participan de la metáfora de la vida
que progresa como el caminar, como el río que desemboca
finalmente en el mar, o sea, en la muerte. En Belli, en cambio, las objetividades —entre otras el mar— son referencias
a una realidad concreta, aunque, como hemos visto, no podemos descartar las connotaciones análogas a las de Quevedo. También se reconoce un paralelo entre la esperanza
del desengaño final en Quevedo, cristiana por lo demás, y la
alusión en el casi soneto al caminar de Cristo sobre las aguas.
En el contexto que planteamos, sin embargo, la luz divina
es la que no llega y, por lo tanto, quedan suspendidas la
promesa y el alivio cristianos. Al lado de esto, no obstante,
el terceto reafirma la condición inválida del hermano, y en
consecuencia resume el ferviente deseo de un futuro mejor
para Alfonso, deseo que atraviesa el poema entero. Si hay
aquí un avance, ha de radicar en la posible alusión a Cristo,
que prefigura una intervención divina. Pero no hay una aclaración en cuanto a la manera en que se producirá la deseada
intervención, es decir, no sabemos por el texto si el alivio
para el hermano tendrá lugar en el más allá, después de la
muerte, o en un tiempo real y circundante, ahora o en el
futuro. Debemos considerar que la promesa cristiana se
manifiesta en el hecho de que Cristo pudo caminar en carne
viva sobre las aguas, y en carne viva conquistó la muerte.
Y para Alfonso, ¿cuál es su esperanza?

2. VIGILIA

Los versos endecasílabos pareados y libres de la segunda
sección representan para el poeta la sencilla melancolía de
la falta de movimiento del hermano y también su falta de
amor, su desconocimiento del espacio y del viento. El
cambio de destinatario y de la versificación producen el tono de complicidad fraternal que sobrepasa una mera responsabilidad vigilante. Íntegros y completos, los versos en

sí no generan la sensación de cierre y como la vigilia misma, podrían, al parecer, continuar.

La inevitable correspondencia que hay entre «lo breves pies» y «los caminos de los alrededores», repite abiertamente la verdad de que estos caminos «no han tocado la punta de los pies». De la misma manera, reitera paralelamente la falta de quien le llame y la falta de amor que «lo va dejando a la zaga del orbe», más el símil «como dura ostra fijo» que *es* su «cuerpo que no conoce el espacio» ni el viento. La indignación encubierta en las preguntas del casi soneto, aquí cede lugar a una simple ternura por el hermano indefenso. Pero su distanciamiento es natural e inocente; son los caminos, la «pobladora», el viento, los que no lo ayudan. En todo hay una injusticia que lo afecta por naturaleza, y Alfonso no puede ser responsable, La injusticia tanto como la justicia siempre apuntan hacia algún responsable y en este caso es el hermano-poeta quien asume esa carga.

En este contexto, es notable la falta de paralelo con el terceto final del casi soneto, el mentado caminar «sobre el propio mar», y de las apelaciones destinadas a provocar los imaginados reparos a la incapacidad de Alfonso. La necesidad anímica para la progresión, tanto como la carga de responsabilidad y la expectativa de continuación que han sostenido los versos pareados con respecto al patrón establecido por el soneto, pesan sobre este paralelismo incompleto. Naturalmente que queda pendiente la posibilidad de una mudanza milagrosa, como la que se vislumbra allí, porque el poema se convierte en una invocación.

3.   REVUELTA

Las secciones (3a), subdividida en dos estrofas, y 3b) compuesta de una sola estrofa en versos libres, introducen nuevas variaciones. Sin embargo, se mantiene la variación ya establecida sobre el destinatario. La primera estrofa, dirigida de nuevo a Alfonso, compara su inmovilidad con el ligero movimiento del lengendario caballo de mar, figura alada que «vuela» en el agua, pero que tiene el aspecto de un ser petrificado. Aun esa criatura tan frágil goza de la justicia acordada a todos de moverse «entre una corriente helada / y una tibia», y de acomodarse a su ambiente. El sentimiento de injusticia corta brúscamente («¡ay!, mi hermano») esta reflexión y da comienzo a un retrato de Alfonso, «naturaleza muerta» carente de verbo activo que dibuje al hombre tullido. Aquí, el hablante, Segismundo para su hermano, lamenta su exclusión y distanciamiento de una acomodación natural («territorio de cal») que remite al «claro polvo» de una tierra de promisión. Alfonso, envejecido aun «antes que sepa andar el pie», y a semejanza de los viejos que ocupan las plazas públicas, es plantado «entre reflejos de cuellos / de palomas».

Pero según progresa el tiempo, vendrá «la hora de la revuelta» que aparece en la segunda estrofa de esta sección (3a). El enriquecimiento fertilizante de una paz implicada («verde legumbre») y de una mudanza libre (motivo de las aves), además de la connotación de esta revuelta, parecen desestimar un alivio fundado en la muerte. Pero aunque la deseada transformación ocurrirá en esa hora de la revuelta, la sintaxis algo caótica del pasaje conduce a resaltar el paralelismo de una transferencia de energía natural a las mismas «entrañas de los pies» mediante las cláusulas «con sus alas» y «con pedales sensoriales». Cabe recordar que en esta estrofa el hablante se dirige a sí mismo, y a pesar de las implicaciones ambiguas envueltas en estos versos, se le ocurre que en un futuro figurará un movimiento para Alfonso gracias al aparato artificial, humanizado por medio de la metonimia «pedales sensoriales»-pies. ¿Sería ésta la transformación milagrosa que tornaría los «breves pies» en «pedales sensoriales» que lo llevarían a su ruta?

De todos modos, la conjunción adversativa de la cual depende la relación sintáctica de estas dos estrofas es señal del cambio abordado por un futuro claro y los curiosos pedales. A pesar de la división indicada entre las subdivisiones 3a y 3b, en ésta última continúa el efecto milagroso y alegre de la hora de la revuelta, evidenciada en la «chispa» en los ojos de Alfonso que ya goza de todas las facultades. Desconocemos entonces el sentido de esta revuelta, porque se asemeja más a una revolución en carne viva que a un cambio debido a la muerte. Aún más, la revuelta descrita aquí para Alfonso, irrumpe inesperadamente («A similitud de los manantiales, / que brotan de repente») y contrasta con la severa comparación entre Alfonso y el caballo de mar («A la usanza de los tiempos»). En el contexto temporal, un futuro milagroso y alegre contradice el fluir angustiosamente lento y presente. En ese futuro, el manantial que brota de la roca trae a la mente la referencia bíblica de la salvación del pueblo israelita, que perecía en el desierto. Tengamos en cuenta, pues, en esta estrofa, su tono liviano, aunque exuberante (la posibilidad de «andar sobre las nubes»); además, la revuelta que se asocia a un acto milagroso; y todo esto en un contexto que ha asumido la incongruencia de los mencionados «pedales sensoriales». Adjunto está el uso aparentemente gratuito del «ozono azul del viento», viento que ya no le es desconocido a Alfonso. Sin embargo, el ozono es una variación del oxígeno y como tal hace sistema con la «hulla» de su mirada, es decir que ambos son propiedades naturales al alcance de la tecnología. ¿No sería posible que la revuelta deseada para el hermano fuera una revolución tecnológica y milagrosa que le brindaría las facultades de que carece? Pero incluso esta posibilidad no es completamente convincente, a la luz de la expectativa ambigua que acompaña «la hora de la revuelta», en vista del deseo totalizador del hablante. La aclaración, si es que la hay, depende de la última sección del poema cuyo nivel fónico apenas llega a conformarse en unidas comunicativas.

4. FONEMAS

Necesariamente, hay varias interpretaciones de estos fonemas, y no negamos que configuran una caprichosa canción para hacer reír a Alfonso, como opina Sologuren (*Tres poetas*, p. 15). Hemos indicado que hay en el poema vuelos de una imaginación inocente destinados a compensar la dura realidad del hermano mediante posibilidades exageradas para su futuro. Pero queremos plantear que también acontece algo más serio en esta progresión fonémica hacia el absurdo. El hablante se distingue como una persona que se entrega por completo, dentro de sus posibilidades lingüísticas, a la causa de la justicia, sin que haya más resultado que la postulación del recodo que se localiza en el más allá, o de una revuelta tecnológica que pudiera, de alguna forma, penetrar hasta el «umbral de tus huesos». La antigua esperanza cristiana que le reparte agún consuelo, por lo menos al poeta, y la nueva esperanza tecnológica, se asocian con la revuelta. En verdad no es difícil que así sea, porque ambas formas de esta esperanza se nutren de deseos utópicos. Aparte de lo anterior, tomemos en consideración que el proyecto lingüístico llamado poema se lanzaba a una búsqueda que ha llegado en estos fonemas a la frustración y al fracaso, y a la vez a la completa liberación. Lo más probable es que frustración y liberación —inmovilidad y progresión— coexistan en este apretado nudo de fonemas. Marginados por la superstición y la magia, los fonemas continúan la búsqueda de un nuevo lenguaje como puente entre ambos hermanos.

Y, conforme con la expectativa de continuación, se divisa, a través de los fonemas, cierta inteligibilidad que también progresa, como el bebé que aprende a caminar «Al ras del suelo». Luego, éste avanza apoyándose en bastones cuyos «troc troc» se refleja en la onomatopeya. Con la asociación posible de bebé-niño con «gamba» y «abokarié», sigue un movimiento lingüístico de avance representado por el

sinsentido «abokoró»y ligado a la «pregresión» de los bastones. La cadena «Nella mattina»-«nella notte» sugiere la nueva
terminología posible, indicación del andar, «trec treec
treeec», en sí una progresión vocálica. La raíz de estos fonemas parece derivarse de la palabra «eléctrico», señal de la
implicada revuelta tecnológica. Con esta especulación, además de las obvias muestras de algún sentido semántico («Al
ras del suelo», etc.), los fonemas cobran una relevancia críp-
tica, reminiscente del famoso enigma de la Esfinge. Se cons-
tata que la respuesta, entonces como ahora, resonante en el
poema, es que el ser que progresa es el hombre. Esta conclusión se ajusta a los requisitos de las «Variaciones», porque se apoya en la pregunta sobre la mudanza. Las implicaciones, sin embargo, no están claras del todo, aunque parece
que la responsabilidad para el progreso humano depende
de la fuerza de la esperanza que se sustenta en la ciencia,
en la poesía, y aun en la religión. Y no es que estas fuerzas
venzan a la muerte, sino más bien que pueden combatir la
injusticia que sufre Alfonso. Pero, al final, la ironía promete
reducir esta fe en el futuro a la pura ambigüedad. Sea como
fuere, progreso humano o no, el «breve pie» de Alfonso no
camina. La consecuencia de todo esto, para el hablante, es
que confirma su papel de «pequeño dios» fracasado.

Si esta conclusión, que se instala al margen de la magia
y al mismo tiempo propone una moderna transformación
tecnológica, no es completamente satisfactoria, por lo menos descubre una característica fundamental de la poética
belliana. Entonces, no sólo la expresión del calor y ternura
humanas dirigidas al hermano inválido configura la «línea
maestra» de Belli, como ha intuido Sologuren (Tres poetas,
p. 15), sino también hay otra línea que se enlaza con las
preocupaciones más amplias de la responsabilidad humana,
tradicional y moderna; aquella línea que insiste en las posibilidades del hombre, aun frente a sus debilidades más inherentes. Esta pugna siempre ha de dejar abierta las posibilidades del absurdo y de la liberación, del fracaso y de la
justicia.

La liberación o salvación por la palabra, como el tema del hombre inválido, es una constante en la obra belliana. Sin embargo, la apertura ambiciosa de «Variaciones» es rara en esta primera etapa.

Un poema como «Segregación N.º 1» responde en cambio, a su manera, al realismo social, y es más indicativo en varios aspectos de lo que vendrá después. Aun así, el paralelismo que hay entre el hombre incapacitado por naturaleza y el ser inválido por la segregación social es evidente. En el ciclo de poemas que siguen, veremos que la asociación de factores naturales y sociales en la segregación introduce una problemática reveladora de la condición humana.

La cohesión formal de «Segregación», además de su conclusión nítida en la palabra «pedacititos», contrasta con la dispersión formal de «Variaciones», pero no con su conclusión ambigua. También contrastan la sugerida orquestación polifónica del primer poema y el ritmo del pensamiento que invierte la recuperación deseada para Alfonso y se pone a marchar en retroceso.

SEGREGACIÓN N.º 1

(a modo de un primitivo culto)

Yo, mamá, mis dos hermanos
y muchos peruanitos
abrimos un hueco hondo, hondo
donde nos guarecemos,
porque arriba todo tiene dueño,
todo está cerrado con llave,
sellado firmemente,
porque arriba todo tiene reserva:
la sombra del árbol, las flores,
los frutos, el techo, las ruedas,
el agua, los lápices,
y optamos por hundirnos
en el fondo de la tierra,
más abajo que nunca,

lejos, muy lejos de los jefes,
hoy domingo,
lejos, muy lejos de los dueños,
entre las patas de los animalitos,
porque arriba
hay algunos que manejan todo,
que escriben, que cantan, que bailan,
que hablan hermosamente,
y nosotros rojos de vergüenza,
tan sólo deseamos desaparecer
en pedacitititos.

(PC, pp. 15-16).

En una frase íntegra de versos sueltos, el hablante auto-justifica el acto de separarse de los jefes y dueños. El título da fundamento a la situación y a cierta expectativa de una ruidosa protesta que se complica con la ordenada racionalización humillante de abrir «un hueco hondo, hondo / donde nos guarecemos». El mero hecho de divulgar en tono tan menor la patente injusticia que conlleva la escisión social responde en una forma inquietante a las normas de la poesía de protesta. La nota distintiva de esta separación es que el acto y la responsabilidad que acarrea son asumidos por los segregados. Esta es la segregación primordial y el fundamento para otras segregaciones. Tanto el título como la inclusión de la madre sugieren que la separación se lleva a cabo a partir de los rasgos familiares o etnológicos. De hecho, una agrupación matriarcal se opone a la otra patriarcal. La madre es la que simboliza la unidad de la familia y de la raza: es la compasiva; y a pesar suyo, es la que menos debe sufrir esta injusticia. Se agrega junto al título una nota parentética importante: «(a modo de un primitivo culto)». Similar a las indicaciones parentéticas de «Variaciones», ésta indica, sin embargo, cómo se actualizan las fuerzas disociativas bajo la presión de una unidad aparente. La antítesis «primitivo culto» produce una trama que desmiente la sencillez aparente del poema.

De inmediato viene a la mente el archiconocido tema de Sarmiento de la civilización y la barbarie. La asociación común de «primera» con primordial y primitiva, apunta al substratum en sí primitivo sobre el cual se edifica esa doble perspectiva social. Hay incluso una suerte de racionalidad en la postura de los «peruanitos» frente a los dueños grandotes que se han reservado todo en nombre de la civilización. A pesar de eso, es consecuente la actuación «culta» de éstos, «que escriben, que cantan, que bailan, / que hablan hermosamente», con el primitivismo de esconderse en un hueco en la tierra. Naturalmente, la civilización incorpora algo más que la razón y las apariencias cultas.

No obstante, la obvia ironía que acompaña la libre manipulación de estos términos relativos, no desmiente el resultado de un manejo específico: la segregación. De esta manera, los frutos de la educación, tanto como «la sombra del árbol, las flores», etc., o sea, las oportunidades para alcanzar algún nivel de cultura y de vida, están reservadas para otros. Es, pues, la representación de una realidad concreta, en la que son borradas las distinciones entre civilización y barbarie. Está claro que tanto el título como la caracterización de los dos grupos —abajo los «peruanitos», arriba los «dueños y jefes»— encierra toda una historia de la dominación de un grupo socio-étnico por otro. En este caso, los rasgos familiares y raciales, sobre los cuales se ejerce la separación, se identifican con la disminución corporal y la de los dones facultativos. En efecto, estos «peruanitos» no hablan hermosamente y, como reconocen la diferencia, señalan que han aceptado el modelo cultural de los poderosos. Por otro lado, los «peruanitos», por necesidad anímica, rinden culto a una figura compasiva como la madre. Este culto toma la forma de la autorracionalización en la compañía de la madre, de apoyo y de una explicación no explicitadas. Pero, en el contexto que proponemos, la necesidad histórica de tal apoyo está enlazada con la colaboración de la Virgen aliviadora. Además, es precisamente en el día domingo cuando los peruanitos se refugian. Aunque este domingo no es el día consagrado por la religión, como la mamá no es la Virgen, no deja de haber sus connotaciones religiosas. Como bien recordamos, éstas remiten al mandato divino de que el hombre ha de poner a un lado sus preocupaciones materiales y ocuparse de su espíritu ese día. En el mundo que tratamos, entendemos que el día de ocio, por extensión del concepto, es simplemente el día de alejarse de los dueños.

La doble vertiente de significados que evoca la antítesis «primitivo culto» es, como la segregación misma, una realidad unitaria de fuerzas mutuamente dependientes, cuya verdad es configurada en la factura del poema en una sola frase. La expectativa de que el hablante, en el curso de su exposición llana, rompa la unidad del pensamiento con el adversativo «pero», para introducir la abierta denuncia, o por lo menos el puro conformismo, establece el mecanismo inquietante que descubre otro proceso doble en su pensamiento.

Hay tres momentos básicos en el transcurso del poema representados por los verbos abrir, optar, desear. Abarcan versiones diferentes de la resposabilidad activa del «yo», representante de los suyos y de muchos peruanitos, y la actuación pasiva e indirecta de los dueños. La conciencia responsable que asume el hablante subraya la firmeza y solidaridad de una agrupación conformada para tomar medidas concretas para su bienestar[7]. El hecho de enfrentar la situación, por degradante que sea, se cierra tentativamente con la razón por la cual actúan: no hay lugar para ellos, «todo tiene reserva». El ritmo de la ilación de efectos y causas continúa y varía en la segunda serie, pero bajo la forma de una debilitante predeterminación.

«Todo está cerrado con llave» se refuerza con la reiteración «sellado firmemente» y lo que está sellado para ellos incluye hasta «la sombra del árbol». En efecto, este dominio no es simplemente el de la propiedad sino también el del

---

[7] Esta no es la concientización de los radicalizados cuyo grito de protesta aboga por la reforma social, sino que es un estado que la antecede. Es la conciencia del hombre medio.

espacio libre del espíritu. Con la mención de la sombra, que se asocia al descanso y ocio del domingo, es notorio que la única manera de alcanzar una sombra irónicamente propia («lejos, muy lejos de los jefes») es enterrándose. Aquí, la verdad de la liberación que proporciona el exterminio falsifica su opción: «optamos por hundirnos», y parece dar término a este segundo pensamiento. Aunque el razonamiento es expuesto en la forma de: acción («abrir un hueco»), condición causativa («todo tiene dueño»), condición («todo tiene reserva»), opción («optamos por hundirnos») y aparenta ser una especie de reflexión simétrica, es en realidad sólo un espejismo. Además, representa el retroceso en su firme resolución, porque optar por algo antecede al acto mismo, si bien no tratamos de ese acto sino de la reflexión sobre él. Esto nos permite aclarar que no sólo da pasos atrás sino que regresa el hablante hacia el desnudo origen de su pensamiento. Se entiende que el retroceso en la descripción de sus deseos físicos de alejamiento, a pesar de ser su única vía de escape, sobrepasa ya el patetismo de la disminución. En efecto, el diminutivo «peruanitos» y su contrapartida en la repetición de las cláusulas adverbiales («abrimos un hueco hondo, hondo», «lejos, lejos de los jefes») aumentan la desproporción corporal entre los dueños y los desposeídos. Indican también la desmesura de una protesta que se vuelve hacia el alivio pleno que proporciona el autoexterminio. La prolongación de estas razones y su identificación a través de diminutivos como «animalitos» rematan esta reflexión y sellan, tan firmemente como la llave del propietario, esta etapa de la radical antiprotesta de los que están más abajo que las acémilas de carga.

El tercer momento repite todo el proceso, en sentido amplio, y en cuanto a los dueños no es difícil que así sea. Su actitud, representada *in absentia*, digamos, ha sido uniforme en virtud de su parte y seguridad. En primer lugar, su dominio y complicidad aparecen impersonalmente: «todo está cerrado con llave», «porque arriba todo tiene reserva». Luego, la mención misma de sus papeles sociales (dueños, jefes) es suficiente para provocar el deseo de alejamiento por parte de los «peruanitos». Finalmente, se agregan las facultades sociales («hay algunos que manejan todo / que cantan...»). En su momento final, son estas habilidades las que evidentemente los capacitan para ser dueños y jefes. ¿O es al revés? Belli vuelve a explorar este dinamismo secreto en un poema que discutiremos después, «Abajo el secreto régimen municipal». Sin embargo, al reconocer esta discrepancia, encubierta en el mecanismo de la segregación, la resolución del hablante se echa a perder. La vergüenza de ser tan infantiles (del dicho popular, «nos sentimos así de chicos») culmina en el deseo, reforzado por la aliteración, de «desaparecer en pedacititos». Pero la verdad es que no pueden desaparecer —¿suicidio infantil? El ultra-diminutivo sobrepasa un patetismo cómodamente artístico construido sobre la cadena de «itos» y de una perspectiva inerme («entre las patas de los animalitos»), para terminar en un sarcasmo doble y subliminal. El sentido de amor propio y la sensibilidad no quieren permitir una evocación de la culpabilidad colectiva frente a este patetismo heroico. Y el resultado inquietante sirve a un propósito de curiosa eficacia, porque el autosarcasmo funciona a un nivel ignorado por el hablante, quien manifiesta ingenuamente su interioridad. De la misma manera, temática y lógicamente, esta conclusión imita el círculo vicioso de la segregación y se remonta al comienzo del poema, para motivar el acto de abrir «un hueco hondo, hondo».

Junto a la ingenua exposición, están aquellas preguntas sobre el génesis y el tamaño, tan entrañables como la cuestión de la segregación social, y que implican el principio materno. Aun si fueran preguntas explícitas, la madre no tendría la capacidad para contestarlas, pero en este día domingo parece que ella es la única que podría responderlas. Esta mezcla de la ceguera del segregado (a quien no le es dado percibir la *activa* participación de los dueños) y su patetismo, no debe incluir a la madre y, por lo tanto, ayuda a crear la perturbación estética del texto. Es cierto que parte de esta mixtura estética se debe a la destrucción de la resolución del hablante, ya bastante despectiva, que acompaña su desollamiento. En concordancia con esto, tenemos presente el aspecto religioso, que no escapa a la cabal expresión textual. No olvidemos la tácita colaboración de la religión en la tríada cura-juez-latifundista. Concluimos, entonces, que el primitivo culto del segregado necesita del primitivo culto religioso, y que operan en conjunto. Luego, ¿es la mamá, como la Virgen, quien genera la posibilidad social y física de este proceso y quien les infunde a los pequeños la esperanza que los sostiene frente a la desesperación? Como la madre, no podemos dar respuesta adecuada, al menos por ahora, pero dudamos de que este cuestionamiento conduzca al típico rechazo de la religión en nombre de la revolución. En todo caso, afirmamos que los deseados pasos que celebran el futuro para el hermano Alfonso, aquí se transforman en pasos que caminan hacia atrás en la historia de esta primera segregación.

«No me encuentro en mi salsa» es un poema que continúa la meditación sobre la discriminación social y combina varios de los aspectos de «Segregación N.º 1». En comparación, aquí el motivo de la vergüenza que apunta a la separación tiende hacia el lado de los poderosos en una ecuación que se divide en las dos partes o frases de estos versos sueltos. En su conjunto los versos se aproximan a la silva que dominará las limitaciones formales de *¡Oh Hada Cibernética!* A diferencia de «Segregación», donde los dueños intervienen pasivamente en un mundo percibido como indivisible, en este poema los poderosos escinden el mundo con su desprecio.

POEMA

No me encuentro en mi salsa:
escucho, palpo, miro
el color de este nuevo domicilio
con perfil de árboles,

con rocío a la mano,
con ríos que atraviesan el umbral
y hacen florecer una grama suave
al borde de mis pies,
con una oreja que me escucha todo,
con unos objetos que se me acercan
para que los use
hasta más allá de mi muerte.
No me encuentro en mi salsa:
veo que ustedes se avergüenzan
de nuestro perfil,
de nuestro pellejo,
de nuestro tamaño,
y escucho un voz que me dice:
«ésta no es su casa, usted es un salvaje».
(PC, pp. 16-17).

Podemos comparar esta visión del mundo con la que se vislumbra en «Segregación», cuyo hablante no puede separarse de los amos salvo mediante su deseo de desaparecer. Aquí el último verso, que encarna una perversión de la hospitalidad hispánica, remite una vez más al tema de Sarmiento. Naturalmente que «salvaje» se vincula con el paralelismo triple («de nuestro perfil», etc.) del físico de los segregados que se destaca en los versos pentasílabos. Sirve, pues, para reforzar la identificación que operaba en el poema anterior («Segregación») sobre los rasgos genéticos y las capacidades facultativas. La cadena metafórica «domicilio-casa» y mundo trae al recuerdo el círculo familiar. Desde luego que los dueños de esta casa hacen sus determinaciones sólo a base de estas características raciales. El impacto del último verso aumenta, porque está en posición final y cierra el poema con un golpe tajante. También ejerce un efecto extraño el fantasma devastado del bienestar, evocado y destruido en la expresión («ésta es su casa») que ha llegado a ser un cliché de la hospitalidad hispánica. La repetición del primer verso de cada estrofa pretende unir ambos mundos, pero cambia de significado en los dos contextos. Recordando la prevalencia de lo infantil que se sugiere en «Segregación», aclaramos que «salsa», en la primera estrofa, hace referencia al fluido amniótico, al ambiente materno más íntimo. Es decir, que las actividades «escucho, palpo, miro» que ocurren en el «nuevo domicilio», son las simples actividades del recién nacido. «No me encuentro», entonces quiere decir que el hablante ha nacido al gran mundo. Algo de la inocencia de esta nueva visión se encuentra en el tono de versos como «rocío a la mano». Por supuesto, hay un efecto negativo y traumático en el hecho de hallarse de repente expelido del «claustro materno» y, sin embargo, este negativismo no llega, todavía, a destruir cierto encanto bucólico que le permite mirar el «florecer [de] una grama suave», ni de alertarnos de la contracorriente oscura que hay en «una oreja que me escucha todo».

Las condiciones de estas progresiones y regresiones humanas postulan una interrogante sobre el nacimiento, que se añade a la meditación sobre el génesis de la condición humana y sus posibilidades de avance. También con respecto a esto, claramente proyecta la imagen del ser que camina por el mundo o trata de «progresar» en el mundo. En los ejemplos bellianos se han añadido las perspectivas genéticas de la segregación y todo lo que esto implica para dar pasos hacia atrás, hacia un primitivismo. La poesía de Belli, anotamos, es un caleidoscopio, y lo que percibimos en «De tantos sólo yo hubiera angustia» es otra variedad consecuente.

No debe sorprenderse el lector al ver aparecer a Adán en la compañía de las siguientes figuras. Pero éste es el hijo, el Adán moderno que adoptan Huidobro y Vallejo. Nuestro Adán se desplaza hacia el primitivismo de ese primer conocimiento que alcanza al momento presente y aporta evidencias nuevas de la primera segregación. Por lo menos con respecto a esto, asociamos su expulsión del Edén con la presente segregación, en vista de su soledad e invalidez social y metafísica. Este nudo de negativismos se aproxima al verso y a la estrofa clásicos, como hemos notado en otros poemas. En el actual, los versos endecasílabos, sin más rima que la asonancia irregular, sugieren la octava real. El conceptismo barroco de la autoapelación a una interioridad torturada, el uso de dicciones elípticas, y las dos prótasis, complican aún más el campo de los significados, pero no encubren la soledad y angustia del sujeto:

POEMA

Si de tantos yo sólo hubiera angustia
y solo frente a casas clausuradas,
sufrir por todos, flébil en los campos,
a la zaga del río, entre los tuertos.
Si de mí sólo muerte se evadiera,
solo yo me quedara insatisfecho,
en medio de los parques cabizbajos,
solo yo, Adán postrero agonizando.
(PC, pp. 13-14).

La manera indirecta de la expresión cumple con una doble exigencia. La interioridad se manifiesta en virtud de los demás, y para ellos este Adán toma el papel de una especie de chivo expiatorio.

El primer verso ya establece la separación entre el Adán postrero y los otros, pero la prótasis incompleta media entre el imperfecto del subjuntivo y la condición contraria. Es decir, es equivalente a postular que «tantos, como yo, tienen angustia». Esta manera indirecta encuentra cierto apoyo en el uso oblicuo del verbo gramaticalizado y arcaico, «hubiera angustia». Dice pues dos cosas a la vez: que este Adán comparte su angustia con los demás, pero aun así está apartado, y solo. El segundo verso presenta directamente la imagen de esta segregación, «yo solo frente a casas clausuradas», y dado que carece de verbo activo es imponderable como apódosis sintáctica del primer verso. No obstante, produce la misma imagen de soledad angustiada. Los versos que siguen se dividen en dos e indican textualmente la forma de su soledad y apartamiento. El primer hemistiquio del tercer verso («sufrir por todos») completa la proposición «si de tantos...», y formula, en comparación con «tantos-todos», la unicidad de su soledad. A la vez, expone que si todos tienen angustia, es él, la persona separada, quien manifiesta abiertamente su sufrimiento, situación digna del llanto (flébil). El latinismo «flébil» particulariza, en su tono elevado, la suma tristeza de Adán; pero el aspecto fónico del vocablo —algo cómico— alivia la demasía sentimientaloide de la similitud casa (sociedad)—campo (soledad). Su postergación —«a la zaga»— y la autoidentificación con «los tuertos» conduce a un patetismo melodramático. Pero hay que entender que estas manipulaciones dibujan la figura del último hombre segregado, consciente de la primera expulsión. Si es melodrama, ha de ser el melodrama de las herencias humanas fundamentales.

Los primeros dos versos de la segunda frase, «Si de mí sólo muerte se evadiera / solo yo me quedara insatisfecho», insisten en las mismas contorsiones. Esta vez, sin embargo, la prótasis se completa subrayando el juego adverbio/adjetivo («sólo», «solo») para enfatizar su factible soledad. El alivio que acompaña a estos deseos de escapar del presente se enreda en los mismos nudos lingüísticos que entraman al sujeto. Dada la expresión de soledad, es decir, de su posición aislada de los demás, es concebible que la muerte no lo llame. Los hombres, adánicos, conocieron y conocen la pena de muerte como consecuencia de su pecado original. Este último Adán, en cambio, estará solo, de todas formas, porque la unión con la divinidad es cuestionable. Dice que si no muere, «solo yo me quedara insatisfecho» porque estaría de veras solo. Estas evidencias se subrayan en el hipálage los «parque cabizbajos», en que los parques comparten su tristeza al modo del «canto acordado». También se enfatizan en el último verbo —el gerundio «agonizando»— que mantiene estos sufrimientos en un perpetuo presente.

Lo que aporta este poema no es únicamente la tristeza de un «yo» individual; porque él forma parte del repertorio de la estética disonante que insiste en provocar una obvia situación melodramática. Al margen de los toques de humor, el poema manifiesta la agonía de «tantos» reflejada en el símbolo adánico del pesar humano. Dentro del alcance de estos textos, que han tratado la incapacidad física y la segregación, no dejemos de tener en cuenta que Adán fue el primer segregado. Este hombre inicial, ahora postergado por la conciencia de su continua expulsión, se ha identificado en el texto, a través de los «tuertos», con la condición humana incapacitada que hemos puntualizado en «Variaciones», «Segregación N.º 1» y «No me encuentro en mi salsa». Dichas evidencias se entroncan con todo el cuestionamiento incompleto sobre la conflictiva condición humana. ¿Cuál es la relación inevitable entre nuestra condición humana y la injusta invalidez física y social que de alguna forma está íntimamente envuelta en el mismo génesis del hombre? Aún más, ¿qué relación hay entre el génesis y la promesa de una nueva vida que ofrecen las instituciones religiosas y sociales? En gran parte, no cabe duda que hay una visión de Schopenhauer que fácilmente podría conducir al cinismo en este «valle de lágrimas». Pero este matiz, como la soledad del Adán postrero, oscurece todo el cuestionamiento y no borra el aura que se va formando de un deseo ferviente de consuelo.

Es interesante advertir la manera en que el hablante dibuja esta *vignette*, empleando su propia agonía. Recuerda en algo la poética renacentista, que recibió un impulso innegable de las canciones de Petrarca y su examen de la interioridad humana, y la poética que alcanzó la cumbre en las composiciones barrocas. De la misma forma se puede afirmar que el hablante incurre en la autocompasión melodramática y que estas dinámicas están presentes en el poema en una medida u otra. Al lado de esto, en cambio, hay un afán aparente de objetivismo, el cual sólo permite que este hablante se distancie un poco del dolor en virtud de ser otro —también Adán. El sujeto, afirmamos, complica su expresión en la búsqueda de otras posibilidades y de otras perspectivas que yacen dentro de lo que es simplemente soledad, agonía y muerte. Veremos que esta perspectiva objetivista —aquí sólo una sugerencia— se ensancha para cubrir todo el orbe de *Dentro y Fuera*, además de llegar a caracterizar a una porción posterior de la tarea belliana, por ejemplo, el ciclo del «bolo alimenticio».

Uno de los temas predilectos de la modernidad, como hemos señalado, es la unión de vida y arte. Ese mismo tema figura en toda la poesía de Belli y en especial en «¡Abajo el secreto régimen municipal!»:

El número de personas que aguardamos al dentista y la pequeña sala en que nos hallamos, crecen simultáneamente cada vez más. Me encuentro de repente trasladado al gran patio del colegio donde estudié. Todo es a la usanza del día de la distribución de premios entre los buenos hijos de familia. Nos hallamos sentados en largas bancas siguiendo un riguroso orden conforme a la importancia del papel que representamos. Podría decirse que es a similitud de la jerarquía que hay entre las fórmulas químicas de cualquier trocisco amarillo. Alcanzo a ver primero un grupo de personas que han graduado, con el poderío de la escala de haberes del país, la serenidad de sus expresiones fisonómicas, la soltura de sus extremidades y el volumen de su voz. Es ahora que percibo que los aires se encuentran adobados por un olor que resulta de una mezcla de jabones, brillantinas, colonias y talcos. Es la invisible telaraña chic, pues aún no estamos lejos del día en que los jefes nos repartieron ciertos regalos. Además, las personas que pude ver en la primera sala, principian a pavonearse en el recinto grande por haber aumentado sus ganancias. Ya cada uno se siente como el hijo de un feroz conquistador blanco. Hablan en alta voz y dicen que han adquirido una casa de cuarzo en forma de dodecaedro. Se les nota un aplomo envidiable que no poseían antes. Inician la nueva vida. A todas luces tienen un cambio en el amor, en la amistad, y les renacen costumbres propias de territorios coloniales. En efecto, aquellos que han mejorado de jerarquía, comien-

zan a mostrar un insospechado odio y se alistan a formar parte de la milicia del mes encargado del exterminio. A estas alturas no es posible mirarlos de igual a igual, porque les cubre la telaraña de marras desde el mismo cuero cabelludo hasta los tobillos. Es en estos momentos que advierto en el ambiente el hábito más ruin. Nunca lo había visto tan a la mano. Todo aquello me ha producido una sola idea, que me fue dominando en las sucesivas visiones. Tendremos que destruir el secreto régimen municipal que nos impide alcanzar el bocado fino de cuerpo y alma, que todos aspiramos desde los 6 años de edad. Tendremos que hacer la revuelta para transformar el amor. No puedo soportar más tal situación. En las próximas horas apandillaré a mis amigos para iniciar una acción en pos de nuestro primer bocado fino. Porque ya es hora. Y además sería penoso que, andando el tiempo, nuestros hijos sufrieran también de encanecimiento precoz.

(PC, pp. 23-24).

Este poema es prácticamente una síntesis de todo lo que hemos visto hasta ahora, tanto en el sentido de que resume los motivos que conforman el cuestionamiento de la realidad, como en el sentido de la protesta que culmina en el deseo de revolución. «Abajo», el único poema en prosa en la obra belliana, transcribe aquí un sueño germinal. Este sueño condensa en gestos absurdos y despreciables, 500 años de historia de una realidad americana donde la transformación ética y material divulga el secreto del «primitivo culto» que hemos visto repetidas veces. El ámbito onírico que sirve de marco a esta visión no evoca las imágenes insólitas del surrealismo —la realidad retratada ya es insólita en sí misma— sino que permite observar el génesis del régimen municipal y por tanto abre paso a la expresión del deseo de rebelión. La cualidad de ésta —no lo perdamos de vista— no sobrepasa aquellos límites del añorado cambio, porque no deja de ser un sueño. De hecho el sueño antecede a la verdadera «concientización» que permite que el hablante comprenda de qué modo se origina el círculo vicioso del secreto régimen. Sin embargo, el onirismo construye el puente que une al mundo del deseo/sueño con el mundo de la realidad, y es el mismo puente que conduce a la posibilidad del «bocado fino de cuerpo y alma»; es decir, es el mismo puente que conecta *Dentro y Fuera*.

El soñador describe la historia del desarrollo secreto del avasallamiento social, que acontece frente a los ojos, sin que aparezca más virtud humana que la de un orden primogénito propicio para la superioridad dominante. El texto exhibe la contención objetivista necesaria para demitificar la formación ética de un pueblo americano. Curiosamente, la denuncia parece mellarse en la humorística justificación final: «sería penoso que, andando el tiempo, nuestros hijos sufrieran también de encanecimiento precoz».

El desarrollo del poder ocupa varios espacios: comienza en la sala del dentista donde se supone que aguardar en orden predeterminado el doloroso tratamiento de los dientes estimula recuerdos y atmósferas pesadas; este espacio cede su lugar al patio del colegio el día de repartición de «premios entre los buenos hijos de familia»; luego se ensancha para incluir todo el ámbito de la superioridad dominante, en el que los buenos hijos de familia pueden decir en voz alta que «han adquirido una casa de cuarzo en forma de dodecaedro». Esta casa «diamante» extrema el contraste implícito con el domicilio mediano, y en otro aspecto indica algo de la miopía lujosa de sus habitantes [8]. En el colegio, entonces, el día de le entrega de premios, reaperece la mención de las rígidas jerarquías: «Nos hallamos sentados en largas bancas siguiendo un riguroso orden conforme a la

---

[8] La forma de esta casa trae al recuerdo la mención, en el poema «Ciudades» de Enrique Lihn, del poliedro de Durero, cuya imagen geométrica de la urbe moderna causa una sensación semejante de extrañeza. El vínculo con Durero apunta marginalmente al afán de Belli de pulir la imagen sintética de un orbe construido artísticamente. Considérese también el cuadro «Adán y Eva» de Durero.

importancia del papel que representamos». El hablante divisa al grupo de los que se han graduado y acceden a las
imprescindibles características de la superioridad dominante.
Cobran serenidad, soltura y volumen en la voz. En seguida
se notan en el aire los polvos y maquillajes de la «invisible
telaraña chic» que llevan los ricos, cuyas ganancias aumentan como los premios. Empiezan a pavonearse de que son
hijos de «un feroz conquistador blanco» e inician la nueva
vida donde «tienen un cambio en el amor, en la amistad, y
les renacen costumbres propias de territorios coloniales».
Se sienten entonces inclinados a «mostrar un insospechado
odio y se alistan a formar parte de la milicia del mes encar-
gada del exterminio». Este repaso del génesis del poder ava-
sallador condensa la historia social de América y la pone al
descubierto. La llaneza del decir ridiculiza la bestial injusticia heredada que prohibe «mirarlos de igual a igual, porque les cubre la telaraña de marras desde el mismo cuero
cabelludo hasta los tobillos». Lima, antigua sede del poder
virreinal del imperio español, es el microcosmos criollo que
encarna una estructura social que se repite a lo largo de toda Hispanoamérica.

Al igual que poemas como «Variaciones» y «Segregación
N.º 1», el texto en prosa establece bases sólidas para lo que
sigue en esta trayectoria lírica. El repetido uso de fórmulas
químicas y de otros tipos, además del trocisco comparado
con el orden que apuntamos arriba, «a similitud de la jerarquía que hay entre las fórmulas químicas de cualquier
trocisco amarillo», aparece aquí relacionado con una imagen del mestizaje racial. El presente uso da fundamento para
la repetición de estas fórmulas en la obsesionante preocupación con una realidad social, y también traduce los elementos de la composición del trocisco amarillo; esto es, se
forja con una pizca de lo «puro» blanco, y montones de
lo «impuro» amarillo y moreno, con uno que otro negro en
las costas. Sugiere además una ligación entre el uso del
trocisco, medicamento para la salud que se compone, irónica y metafóricamente, según una medida y orden anterior-

mente establecidos. Ese reticulado o cadena vital de lo científico-mineral-social-físico-espiritual recibe aquí clara atención y corre a lo largo de la poética de Belli. Todo esto encuentra su contraparte en el «bocado fino de cuerpo y alma». El avasallamiento social sobre el cual se edifica el régimen (mundo moderno), entre cada ser humano y su bocado provoca la necesidad de una «revuelta para transformar el amor». Esta revuelta debe corresponder al cambio en el amor que sintieron los poderosos, y que es el verdadero secreto del régimen municipal, se parece a «la hora de la revuelta» que espera el poeta/hablante para su hermano Alfonso y que halla su expresión en la fórmula de Rimbaud «la magia de la poesía». La presencia del amor en la alquimia del verbo especifica la relación de la metamorfosis de la realidad social y física («Variaciones») con la magia.

La apreciación de parte del hablante que advierte «en el ambiente el hábito más ruin», concuerda con la necesidad de «destruir el secreto régimen... porque ya es hora». Pero esta pasión revolucionaria toma la forma de una reacción ingenua que nunca estallará o que terminará en una debacle. «En las próximas horas apandillaré a mis amigos para iniciar una acción en pos de nuestro primer bocado fino». Pero aun en el sueño, y en el conocimiento que posiblemente desmitifique el desajuste «culto» que hay entre el ambiente y la herencia (abordado en el poema «Segregación»), el peso de las circunstancias vence al fervor revolucionario. Terminar con la declaración «sería penoso que... nuestros hijos sufrieron el encanecimiento precoz», prefigura la ironía dramática de un revolucionario de salón, cuya frustración auténtica frente a las condiciones sociales sale al descubierto en esta concluyente expresión del círculo vicioso. Es penoso, pero estamos seguros de que la pena y el «encanecimiento precoz» se repetirán en los hijos. La fuerza del deseo no rompe la superficie del sueño, mas resulta ser una crítica penetrante de la realidad representada. De ahí la problemática estética final del poema, que vacila entre la esperanza, la indignación y la penosa incapacidad. En resumen, el recurso de la obsesionante reiteración es noticia programática en este poema: «una sola idea, que me fue dominando en las sucesivas visiones». En efecto, la obra de Belli es una ampliación y profundización, a la manera clásica, de estas «convenciones formulaicas» que el poeta escoge de la tradición de la ruptura, y que limitan, por decisión suya, la tarea poética de encontrar la clave cada vez más exacta de la transformación que ejerce la alquimia del verbo.

Lo que queda dibujado en esta primera exposición es la figura de un personaje altamente sensible a las injusticias del mundo, e irregularmente consciente de su misma interioridad y del «hábito ruin» que lo circunda. Este espectador, caracterizado por un afán objetivista a la vez que supersticioso, ve alrededor el vago contorno de un mundo escindido en dos: los inválidos, como el hermano Alfonso, y los que dominan, los «buenos hijos de familia»; y en ambos casos el mundo gira en torno a los vínculos de sangre. El deseo del hablante, en esta primera selección, culmina, en cuanto al realismo social se refiere, en la problemática muestra de «Abajo». La otra parte de la preocupación vital del deseo se enfoca específicamente sobre el amor romántico. Esta óptica proyecta un idealismo juvenil, podemos decir, y se relaciona con la figura femenina. Otro gran poeta peruano, José María Eguren, ya había creado una atmósfera y unos personajes fecundos para este ámbito belliano, vinculado también con los cuentos de hadas. Se despliega en lo que sigue la figura de una mujer misteriosa, vislumbrada a través de un vuelo libre de la imaginación. Este vuelo reproduce el puente/sueño y también apunta por antonomasia al efecto de las fórmulas, destinadas al dominio de la realidad. Sin embargo, la presencia de esta mujer se alía al mundo atroz, al cual, de todos modos, ilumina gracias a su aparición/desaparición en el puente que cruza el río y llega a Lima.

En el poema «Nuestro amor...» aparece un personaje descorporizado y es por lo tanto una abstracción idealizante:

POEMA

Nuestro amor no está en nuestros respectivos
y castos genitales, nuestro amor
tampoco en nuestra boca, ni en las manos:
todo nuestro amor guárdase con pálpito
bajo la sangre pura de los ojos.
Mi amor, tu amor esperan que la muerte
se robe los huesos, el diente y la uña,
esperan que en el valle solamente
tus ojos y mis ojos queden juntos,
mirándose ya fuera de sus órbitas,
más bien como dos astros, como uno.

(PC, p. 11).

La tensión que existe entre lo carnal («genitales») del deseo y la inocencia y distanciamiento («castos») en la vida, se someten en la muerte a una idealizada unión a la manera barroca. La reducción de este amor a un foco de luz, a la esencialidad pura y bella, típica de la metáfora convencional ojos-luz, y la mirada que se enciende, son una excelente reformulación del soneto de Quevedo «Amor constante más allá de la muerte». La trayectoria del poema de Belli depende, eso sí, de la consciente inocencia y de la fuerza potencial de los «castos genitales», y por lo tanto evita la agónica pasión humana inscrita en el verso quevediano: «polvo serán, mas polvo enamorado». En el texto de Belli, compuesto de endecasílabos, el brillo de la exposición se encuentra en los logros puramente formales de su discurso. La flexibilidad de la silva permite que el hablante module la armonía vocálica sobre las «oes» de «ojo» y «uno», palabras con las que termina el poema, revelando la unión exacta de amor y muerte. Con el sexto verso encabalgando en «muerte», que está justo en la mitad del poema, éste avanza mediante la repetida aproximación de los significados de «nuestro» y «amor». La sutil separación que implica «nuestros» se va purificando en la tenue unión que hay en «bajo la sangre pura de los ojos», pero que todavía participa de la separación física. En la segunda mitad del texto, dominio del *reductio mortalis*, siguen «mi amor», «tu amor»; luego, «tus ojos, y mis ojos» y termina la gradación ascendente con el símil de la postrera unión en «astros» y «astro». El paralelismo de la idealidad planteada por la negación del aspecto físico del amor que domina la primera parte, y la disminución del «robo» que ejerce la muerte en la segunda mitad, yuxtaponen el orden vida y muerte. De esta manera, el eterno deseo idealizado brilla como un ascua debajo del claroscuro vida-muerte.

La magia verbal de «Nuestro amor» está dictada por las fórmulas de la convención retórica. En los poemas «Las fórmulas» y «Las fórmulas mágicas» esta dimensión verbal se somete al juego inverso de la transformación por la alquimia del verbo:

LA FÓRMULAS

Una esponjosa tarta a la vuelta de un camino
un pastel de piedras preciosas en cada una de las cinco
                                    [claras de huevo
una tableta con una tromba y en la cima un circo
una tableta atravesada por una flecha en el seno de uno
                                    [de sus miligramos
un pastel que haga el papel de rey entre los demás ali-
                                    [mentos
una giratoria tableta contra las molestias tenaces de la
                                    [quietud
una tableta que cambie de colores en el momento de
                                    [cruzar la garganta de su dueño
una torta para después del acto sexual de dos animales
una torta para conmemorar el nacimiento de un vegetal
una torta de bodas
una torta con trombas de jarabe
de las que brotan otras tortas con trombas de jarabe
una tableta cubierta por una esfera de reloj
una tableta con un salvavidas
una tarta con la forma de un cuerpo de mujer

realizada según la fórmula siguiente:
varias tazas de miel de abeja
1 cucharadita de canela fina
y hojaldradas capas de perfecta mermelada
una tableta cuya composición química caducó el 30 de
*   [septiembre de 1955*
un pastel de caminos para seguir
un pastel con espejismo en las claras de huevo
una torta con forma de antigua embarcación romana
*   [sobre un trípode en la noche*
una tableta de pastaflora derritiéndose entre zumbidos
*   [de trompos gigantes*
una tableta que libere las uniones químicas en el mo-
*   [mento de cruzar el arco de la garganta*
unas tabletas en el firmamento como quietas pasarelas
*   [para mi travesía*
una tableta con alas de halcón en los bordes.
(PC, pp. 21-22).

LAS FÓRMULAS MÁGICAS

Tienen el fino peso de la arena
las fórmulas mágicas que nos vienen
a través de los sueños:
transforman al amor
y me entregan una mujer fantasma,
la que cruza el puente y no llega a Lima.
(PC, p. 25)

En ambos textos, la mágica transformación de la realidad pretende dar cuerpo al amor, o sea, a la mujer que aparece en el desarrollo del deseo del hablante menos tradicional. En la composición titulada «Las fórmulas», éstas son recetas lingüísticas de una lista caótica que incluye «bocados finos de cuerpo y alma» y traspone el contexto de un cuestionario social a preocupaciones más cotidianas e íntimas. Las recetas sirven para confeccionar «una torta con la forma de un cuerpo de mujer» y con la referencia a la «dulzura» de los ingredientes bordea un patetismo absurdo y cómico que se burla de su propio deseo y necesidad. También, en un nivel más serio, el hablante pone en tela de juicio la posibilidad de encontrar la combinación que realmente daría con el objeto de ese deseo. Anuque esto nos recuerda la dinámica de «Variaciones», aquí la noción de que la ingestión de una torta o tableta poblará la imaginación y el sueño con los objetos de su deseo o de la necesidad pavorosa, limita casi con el surrealismo. En verdad celebramos nuestros deseos y debilidades con tortas y tabletas como un bálsamo para la interioridad. A fin de cuentas, la perturbación que ha estimulado esta lista se debe al vínculo original establecido entre lo interior — los sueños y pesadillas— y lo exterior, objetos del deseo y del alivio. Además, es un vínculo en el que dominan la inmaterialidad emotiva y elementos químicos de una trivialidad antipoética, pero que son indispensables en la vida moderna. No sabemos, después de todo, si el hablante bromea con las flaquezas humanas, o si realmente cree que con las fórmulas acertadas conseguirá romper el muro y saltar sobre el abismo. Hemos visto antes la indeterminación estética, y se advierte que tampoco termina aquí el afán de escudriñar la relación exterior-interior.

«Las fórmulas mágicas» transforman el amor y le entregan al poeta una mujer fantasma, «la que cruza el puente y no llega a Lima». El misterio que acompaña a esta figura no se aclara en «El Aviso Las Señales» donde no la dejan cruzar el puente, ni permiten que el hablante salga de la ciudad para «seguir en los caminos / las líneas secretas de las rocas de tu valle». La figura fantasmal sólo ocupa un espacio que está fuera de la ciudad, en la oscuridad del valle, y por eso el hablante apenas percibe su «vaho». La brumosa insubstancialidad de esta figura sugestiva de nuevo trae al recuerdo la imagen egureniana. Y aún más, ella representa lo que no está presente, lo que sí está al otro lado del río, y que sólo hace sentir su «vaho» o *frisson nouveau*, según la frase de Baudelaire. Todavía más interesante es la manera en que pinta Baudelaire a las cortesanas:

«Sur un fond d'une limière infernale ou sur un fond d'aurore boréale, rouge, orangé, sulfureux, rose (le rose révélant une idée d'extase dans la frivolité), quelquefois violet (couleur affectionnée des chanoinesses, braise qui s'étient derrière un rideau d'azur), sur ces fonds magiques, imitant diversement les feux de Bengale, s'enlève l'image variée de la beauté interlope. Ici majestueuse, là légère, tantôt svelte, grêle même, tantôt cyclopéenne; tantôt petite et pétillante, tantôt lourde et monumentale. Elle a inventé une élégance provocante et barbare, ou bien elle vise, avec plus ou moins de bonheur, à la simplicité usitée dans un meilleur monde. Elle s'avance, glisse, danse, roule avec son poids de jupons brodés qui lui sert à la fois de piédestal et de balancier; elle darde son regard sous son chapeau, comme un portrait dans son cadre. Elle représente bien la savagerie dans la civilisation» (Baudelaire, p. 563).

Una atmósfera semejante es palpable en el poema:

EL AVISO LAS SEÑALES

Yo espero una bengala de aviso
tantas veces he escrito la clave en un papel
la he grabado sobre un grano de arena
con la fuerza del hambre
iluminado por un haz de luz
como cuando cruza un navío delante de los acantilados
o se incendia de repente la carpa del circo
en la noche oscura
cuando arrojan a las tribus antiguas
hacia las alamedas de yacimientos de hulla
y los tigres inclinados al borde de los estanques
electrizan con su piel
los menudos ojos de los peces
es así que yo espero un silbo de aviso
entre arroyos con mimbre
y la opulencia de una hilera de mesas de noche
yo te busco en todos los rincones
con una fogata
para alumbrar los vidrios
y ver las señales mágicas de tu vaho

cuando no te dejan cruzar el umbral del puente de mi
                                                    [*río*
o no me dejan seguir en los caminos
las líneas secretas de las rocas de tu valle
(PC, p. 24).

El poeta hablante apela directamente a una figura im-
precisa y espera su aviso, que debe saltar de la clave que ha
escrito «con la fuerza del hambre» en el grano de arena que
asociamos con el sueño. Al menos en un nivel, podemos sugerir que el aviso que busca el poeta es el que provee la Poesía misma. Y encarna lo que Belli ha dicho de su obra: que
busca «una persistente orientación de modernidad que se en-
tronca con ese segundo *frisson nouveau* puesto en circulación
por los sucesivos ismos de vanguardia» [9]. La búsqueda de
este poeta/hablante tiene lugar en la noche de la inconsciencia, y el haz de luz y la «fuerza del hambre», que son sus
armas presentes, deben achicarse ante la bengala de su
aviso. El primitivismo del ambiente es una sugestión del bar-
barismo de la sociedad que rodea al artista y lo atrapa en
una soledad completa y peligrosa. El aviso entonces sería un
alivio para este individuo solo. En la soledad, el hombre también está atrapado socialmente por las instituciones de una
cultura donde el cuestionamiento fundamental de estas mismas instituciones —la religión, el gobierno, el sector del
propietario— está prohibido, porque descubriría una secreta intriga aplastante.

El aviso que espera al hablante se ejemplifica en la lista
de metáforas, que no sólo ilumina, sino que asombran. Hay
un aire amenazador que es explicitado en la imagen de los
tigres que «electrizan con su piel / los menudos ojos de los
peces». La atmósfera sobrecargada de este aviso que espera
al hablante, complica la relación consecuente entre las fórmulas mágicas y las señales mágicas de «tu vaho». Sabemos
que el aviso depende de la clave que ha escrito, o sea, de la

[9] R. V. O., «Con Carlos Germán Belli», *La Nación* (Bs. As.), 11
oct., 1970, p. 3.

escritura de las fórmulas mágicas, pero éstas sólo le han entregado las señas de aquélla que no llega a Lima. Si nos fijamos bien en los momentos iluminados, entendemos que son movimientos o potencias que pasan rápidamente, como la inspiración o como la muerte. Su búsqueda de la mujer / señal tiene que ver con el reino que está al otro lado del puente, tiene que ver con el valle-mundo que habita la mujer/musa/muerte al otro lado del río. La mención de «mi río» puede hacer referencia al Rímac, el río que habla, o al Leteo, el río de los muertos. La figura no llega, excepto en virtud de sus señales, porque ella ocupa un espacio lejos del alcance del hablante, pero que está al mismo borde de su mundo. En una forma programática respecto a los otros textos que examinaremos, es de notar que este poema sirve en sí mismo de aviso y crea una expectativa misteriosa.

Esta expectativa se perfila brevemente en el último texto de *Poemas* que vamos a considerar:

POEMA

Duro rigor de la pradera helada
que a vida mía toca y la destroza,
al alma hurtando en cada instante tierno
nuestro calor, ¡ay!, nuestra lumbre hermosa.
¿Qué caminante con su yema alada,
o qué mujer sutil tocará el cuerno
delante del invierno,
transfigurando todo
al más luciente modo?
¡Oh la divina orden que al crudo atado
raudo deshace por ser tan amado!,
¿por qué no llega en esta noche fría,
hasta este férreo prado,
dándonos siquiera una alegría?
(PC, p. 13)

Semejante al silbo de aviso del poema anterior, en el presente texto el hablante pregunta: «¿qué mujer sutil tocará

el cuerno / delante del invierno, / transfigurando todo / al
más luciente modo?» En esta angustiada petición suena una
nota característica de la necesidad de alivio que oiremos repetidas veces en la poesía de Belli. La deseada transformación de la vida y del espíritu humanos («nuestra lumbre
hermosa») es imposible en un mundo devastado e invernal
(«pradera helada»), donde el «por qué no llega en esta noche
fría» rebota como un eco en los confines del «férreo prado».
Obviamente, el campo connotativo del epíteto «férreo» reitera el «duro rigor» del prado, pero también la condición
férrea del prado se opone al frágil calor que hurta el alma.
Y opone igualmente a la mentada Primavera, la transfiguración «al más luciente modo» que efectúa en la colaboración
de la mujer. En este mundo de perpetuo invierno, nunca
llega la estación recreadora y alegre, y la entonación ascendente que cae en la última palabra «alegría» aumenta aún
más la futilidad de la esperanzada declaración: «¡Oh la divina orden que al crudo atado / raudo deshace por ser tan
amado!» Esta curiosa y ambigua exclamación pone en duda
la aparente sinceridad de una emoción de tono religioso. In-
tercalada entre las dos preguntas que formulan primero la
esperanza («¿Qué caminante...?») y finalmente la desesperación («¿por qué no llega...?») fácilmente leemos los dos versos de dos maneras distintas. La estructuración en una especie de quiasmo permite combinar «divina orden» y «por
ser tan amado», y además «crudo atado» y «raudo deshace».
De todos modos, esta combinación recibe otro apoyo en el
encabalgamiento que refuerza la inmediata liberación: del
«crudo atado / raudo deshace». En la primera lectura que
sugerimos, el atado sería el hablante que se libera por el
mandato sobrenatural de la sutil mujer. Sin embargo, la liberación («raudo deshace») es inconsecuente porque no ha
acontecido. A pesar de esto, es forzoso (en esta lectura) que
la exclamación manifieste la esperanza que conserva el
hablante. Ahora bien, por otro lado es innegable que la vinculación entre «divina orden» y «tan amado» alude a la cruci-
fixión, la que encuentra paralelo en la expresión «crudo

atado». Y si no fuera ya suficiente, el quiasmo, como bien sabemos, dibuja la forma de una cruz. Estas lecturas revelan una apreciación sarcástica de la eficacia del poder divino para aliviar al hombre. Concluimos que, una vez más, el cuestionamiento de la religión pondera la necesidad de una nueva vía para el alivio libertador del ser humano. Si es lícito asociar la «mujer sutil» con la figura compasiva de la Virgen, entonces su presencia igualmente tendría que sufrir esta condena. Con respecto al efecto total del poema, es preciso subrayar que su tono peculiar se distingue no sólo por lo que muestran estas indagaciones, sino también por su factura formalista, perceptible en recursos como el hipérbaton, el quiasmo, el epíteto, y en vocablos poco usados, sino arcaizantes, que en conjunto apuntan, irónicamente quizás, al renacimiento poético en lengua española.

UN PUENTE

En sus experimentos lingüísticos Belli ha tratado de encontrar un camino que comunicara dos espacios vitales: el mundo material —externo— y el mundo interno —la cualidad del sueño— con el fin de que éste dominara a aquél. Sus primeros poemas se ocupan de esta búsqueda, apoyados por el surrealismo, el cuestionamiento de la primera vanguardia y el clasicismo español. Estas maneras poéticas también entroncan con el más reciente realismo social, y, por otro lado, con una expectativa misteriosa. En cuanto a esta última, se ha divisado allí un orbe que tenuamente habita el espacio que separa los dos mundos: el poema. Belli todavía no ha encontrado la forma más eficaz de evocar este cuasimundo de dentro y fuera, pero con los ejemplos de *Poemas* y el hada que hace su aparición en la *plaquette Dentro y Fuera*, ya va conformándose.

Los experimentos de dicho poemario continúan básicamente lo ya apuntado, salvo que aumentan relativamente los juegos del letrismo. Los objetos poéticos permanecen igua-

les, pero tienen más bien que ver con cualidades inherentes
al sujeto que habla; aquella mezcla de dentro y fuera. Por
ejemplo, el poema «Menú» reitera las preguntas teológicas
por «boca» de la cazuela y el solomo:

MENÚ

Cazuela

&

solomo

cuando se hallan en mi estómago laico
se miran y preguntan
de dónde vienen
por qué están allí
hacia dónde van
(PC, p. 31)

En «arte menor», el hombre hace mofa de su propia preocupación existencial. Un juego similar encuentra una suerte
de expresión corporal en «Expansión Sonora Biliar». Repro-
ducimos sólo parte del texto:

Bilas vaselagá corire
biloaga bilé bleg bleg
blag blag blagamarillus

Higadoleruc leruc
fegatum fegatem
eruc eruc
(PC, p. 32)

La sorprendente soltura de las connotaciones de la incomu-
nicación es aquí mera señal del hablante, pues hablan las
tripas que se quejan y alivian por turno. Este texto marca
un límite anti-poético, y el mero hecho de comunicar sirve
como un desafío contra el lenguaje mismo, y a la vez de-

muestra una fe excepcional en sus poderes comunicativos. Roger Shattuck, en *The Banquet Years*, observa:

The subjective-objective distinction breaks down into a single category of self-reflexiveness, the consciousness reporting objectively upon itself. Words uttered by this active-passive third voice of life are not representation, but in Coleridge's words, «self-representative», not romantically self-forgetful but self-remembering. In deceptively objetive terms they describe a purely subjective world [10].

También podemos observar que, en un sentido general, *Dentro y Fuera* se obstina en documentar esta distinción sujeto-objeto.

En estos textos, el hablante se desolla lingüísticamente de acuerdo con lo que Octavio Paz ha observado: «...los hispanoamericanos se ocultan en las palabras, creen que el lenguaje es una vestidura. Si la desgarramos, nos desollamos: descubrimos que el lenguaje es el hombre, y que estamos hechos de palabras, dichas y no dichas, unas banales y otras atroces» [11]. «Expansión Sonora Biliar» es una muestra directa de un intento radical de objetivismo, es decir, de presentar al hombre desollado. Encarna la atención del observador cuasi-científico. Pero este observador no es el científico de plano sino más bien el hombre que acepta la filosofía científica de la edad moderna. Según versa el epígrafe de Ortega y Gasset para *Dentro y Fuera*, éste, como otros poemas de la *plaquette*, describe «con alguna minucia, cómo es para cada cual su cuerpo» (PC, p. 29). A pesar de ser una generalización, sentimos que esta actitud, en conformidad con los textos que tenemos a mano, configuran una respuesta a la descripción minuciosa convencional de la inconsciencia y de los sueños, es decir, de la tarea surrealista. Porque las observaciones de Shattuck que citamos más arriba se basan en

---

[10] Roger Shattuck, *The Banquet Years* (New York: Vintage, 1968), p. 343.

[11] Octavio Paz. «¿Poesía latinoamericana?», *Amaru*, 8 (1968), pp. 4-5.

una discusión de la poesía de Jarry y Apollinaire, precursores del surrealismo, como se sabe.

El motivo del «desollamiento» reaparece en «Ha llegado el domingo»:

> *Ha llegado el domingo*
> *y procedo a desollarme como a un oso:*
> *me desenfundo*
> *y exprimo el sucio overol que cubre mi sangre*
>
> *Caen entonces al fondo de la tinta*
> *goterones de sudor frío*
> *pelos erizados*
> *poros entreabiertos por el miedo*
>
> *Y de inmediato un verde césped reempleza mi antigua*
> *[piel*
>
> (PC, p. 34).

El hombre descansa el domingo y se quita la vestidura requerida por la sociedad. La suya es una sociedad en la que se le exige únicamente el papel de obrero/empleado y nada más (el «overol» lo encubre todo hasta la sangre), y por lo tanto limita su capacidad humana. Esta vestidura, empapada de «goterones de sudor frío», indica ya el «duro rigor» de una vida que no le pertenece y que le es impuesta, como un uniforme, por los que lo manejan todo. En este sentido, el poema trata de contradecir la observación que ha hecho Paz, porque al desarrollarse el hablante se desviste de un lenguaje que no es suyo. Su acción debe revelar al hombre auténtico que existe por debajo de su vestidura. Los experimentos lingüísticos bellianos evidencian en este contexto las búsquedas de este ser que no es el que se configura mediante un lenguaje ajeno, sino mediante el lenguaje del trato social. Como demuestran «Expansión Sonora Biliar» y «Ha llegado el domingo», lo que está debajo de la vestidura *es* el hombre —pura corporalidad. Recordemos, además, que el ser que está debajo desaparece con los «peruanitos» de «Segregación N.° 1» bajo el «verde césped». A través de las connotaciones de tranquilidad y de silencio que hay en un prado verde, podemos entender el alivio deseado en función de este desollamiento. En otro nivel, pues, Belli descubre, de acuerdo con Paz, al auténtico ser que sí es lenguaje poético, que es «la otra voz» y que es bella porque da expresión al deseo de una nueva realidad. Como veremos, este deseo y el ámbito evocado requieren un nuevo lenguaje, y como consecuencia de ello Belli pone a un lado las radicales experimentaciones lingüísticas.

El alivio encuentra su expresión plena en asociación con la figura curiosa del hada que aparece en «Oh Hada Cibernética»:

> *Oh Hada Cibernética*
> *cuándo harás que los huesos de mis manos*
> *se muevan alegremente*
> *para escribir al fin lo que yo desee*
> *a la hora que me venga en gana*
> *y los encajes de mis órganos secretos*
> *tengan facciones sosegadas*
> *en las últimas horas del día*
> *mientras la sangre circule como un bálsamo a lo largo*
> *[de mi cuerpo*
>
> (PC, pp. 32-33).

Las hadas de los cuentos infantiles, nos explica Cirlot, son seres que simbolizan las fuerzas superiores del alma. Su naturaleza es contradictoria: aunque disponen de poderes extraordinarios, cumplen tareas humildes [12]. Si esta hada no es el amor, debe ser la alcahueta electrónica que se le entrega. En la invocación directa y agónica del hablante, la máquina-diosa tiene el poder de controlar las tensiones más internas y secretas del cuerpo y del alma. En esta confabulación de términos dispares (hada y cibernética) que representan modos antitéticos de ver el mundo, confluyen ele-

---

[12] J. E. Cirlot, *A Dictionary of Symbols*, trans. Jack Sage (New York: Philosophical Library, 1962), p. 96.

mentos reconocibles de la poética belliana. En el motivo de la invalidez del hermano Alfonso, cuyos huesos nunca han recibido la luz del movimiento, aquella luz pertenece a un ámbito inaccesible a los deseos y frustra el experimento lingüístico y mágico del poeta de entrar en ese ámbito para curarlo. Es sólo en el alivio del sueño y en el acto de escribir que la expresión controla la desesperación. El deseo del poeta de dominar la realidad, yendo más allá de ella, y de encontrar a la mujer fantasma que encarna las señales mágicas se relaciona expresamente con el acto poético en «El Aviso Las Señales». El deseo de arte, de técnica, de saber cómo produce un lenguaje que ejerce su efecto balsámico sobre los pesares del hombre por dentro y fuera y encarna en la figura del hada cibernética.

Esta musa/diosa, doblemente mitológica, representa la unión insólita de dos maneras de dominar la realidad. Una, la magia que incorpora los misterios anímico-espirituales; la otra, la tecnología que se funda en los poderes de la razón. El tema de la magia es normalmente asociado con el pasado, con el primitivismo del Tercer Mundo, donde persiste la superstición, y por lo tanto su presencia está en una continua pugna con el progreso. En cambio, los países llamados «avanzados» se caracterizan —se dice— por la negación de esos poderes anímico-espirituales (mágicos) y por el auge de la tecnología. En consecuencia, el mito «progresista» profetiza una sociedad utópica en el porvenir. En contraste, la magia se concibe como individualista y fugaz. La síntesis de los dos mitos en la figura del hada cibernética refleja, entonces, la contradictoria realidad concreta de los países llamados «subdesarrollados», como el Perú, y apunta en la dirección de una ciudad como Lima, donde coexisten «las almas en pena» y las computadoras.

El *Diccionario Larousse* dice que la magia, el poder de las hadas, es «ciencia» que produce efectos maravillosos, mientras que la cibernética es el «arte» de producir automáticamente efectos físicos que imitan a los movimientos de los humanos. Tecnología es, por otra parte, el lenguaje de las artes industriales; esto es, que tanto la magia como la tecnología son lenguajes o procedimientos comunicativos para acompañar actos físicos en función de ciertos efectos antinaturales. Lo anterior se asemeja a la exploración lingüística de Belli para crear un mundo habitable, y halla su identificación metafórica en la figura del hada cibernética. Estos dos términos parecen ser paradójicos, pero en realidad dibujan la unión sintética de un mundo posible. Este mundo es mitológico no en su pasado ni en su futuro, sino en un presente suspendido por la fuerza del deseo y las facultades imaginativas del poeta. Claramente, pues, éstas son las únicas facultades inaccesibles al dominio de los que lo manejan todo.

La notable ausencia de un «ángel», contraparte posible del hada cibernética, se debe a que el cielo de la dudosa salvación religiosa, como hemos visto ya varias veces, es habitado por «el dios antitutelar» que envía al mundo terrenal del hablante «las pandillas enmascaradas / de pólipos / de hidras / de trombas amarillas» en vez de la «Gran Impotencia», el «Gran Cáncer», y la «Gran Cobardía», gracias a que sus padres han intercedido por él («Cien Mil Gracias», PC, p. 33). La otra religión, la poesía, crea un mundo y un «ángel» que mantiene su promesa para un futuro de eterno consuelo. Pero, a estas alturas, sabemos que el futuro es habitado por el progreso científico-tecnológico y por el cambio.

Lo que expresa la imagen del hada es el deseo del poeta por aliviar su sufrimiento en el ahora, en el hito que hay entre el pasado y el futuro, en el presente agónico. En «¡Oh Hada Cibernética!», nombrar y llamar al hada implica toda una promesa de *otro* mundo, para permitir que en éste el hablante pueda continuar su acto liberador, es decir, el acto de poetizar. Pero el objetivo de su petición no es sólo penetrar su interior y liberar los huesos de su mano. La liberación deseada también tendrá su efecto sobre los órganos, lo que se nota en sus «facciones sosegadas». Pero es el consuelo que produce la circulación de la sangre a lo largo del cuerpo lo que purifica la vida de todos los días y posibilita la transformación externa, social. Así, el verso «en las últimas horas del día» cobra un sentido adicional en relación con el otro espacio de refugio, el domingo, para expresar la tranquilidad esperada. La promesa de esta liberación tiene lugar en la vida concreta del poeta, y el verso se sale de las pautas clásicas del arte mayor (ya establecidas), a similitud de la sangre que circula, como el deseo que se cumple o que casi se cumple. El verso final aparentemente anula el hecho de que el texto realmente plantea una pregunta extraviada: ¿Cuándo vendrá el balsámico descanso? En parte, pues, el tono y el efecto curiosamente desconcertantes de la poesía de Belli, residen en la desilusión, proyectada en poema, al darse cuenta de que no se ha saltado al otro lado y que todavía persiste la necesidad de saltar. La presencia, la promesa y además la necesidad que simboliza el Hada Cibernética deshacen este nudo apretado y emblemático cada vez que ella aparece.

II. EL «MICROUNIVERSO ARCÁDICO»:
LIMA LA HORRIBLE

Julio Ortega ha propuesto ideas susceptibles de ser aplicadas a todo el «microuniverso» belliano. Dice Ortega:

> Si se quiere, Belli podría ser un poeta neorealista porque su testimonio se da en un contexto social y termina definiendo al ser humano en una vasta depresión actual. Pero también podría hablarse de una poesía expresionista, porque esa inserción está trabajada de tal modo que las formas quiebran a los temas, los prolongan en hipérboles, y el lenguaje es una deformación metafórica, un desgarrado espacio. (*Figuración*, p. 130.)

Mediante el análisis de la figura del Hada Cibernética, es posible puntualizar la naturaleza de ese «espacio desgarrado».

Hemos mencionado ya, brevemente, la clara ausencia de una figura aliviadora como la Virgen en la obra de Belli, cuyas preocupaciones humanas por cierto se asemejan a las del conocido experimento expresionista. Simplemente, tenemos que aceptar que en un mundo de fe, la Virgen cumplía el papel de figura consoladora, digna para la salvación personal. Por lo tanto, en el mundo belliano, carente de una clara fe religiosa, el Hada Cibernética reemplaza a la Virgen. Agregamos a las motivaciones líricas que expusimos en el primer capítulo, que esta hada tecnológica simboliza las posibilidades humanas para el consuelo y es ella una añorada

defensa contra las lacras interiores (individuales) y externas
(sociales), que provienen justamente de las imperfecciones
humanas que tan abiertamente se divulgan en este conjunto
de libros poéticos. Los textos de Belli registran las contorsiones espirituales y físicas de un hombre común; los restos, digamos, de una lucha con la vida y con la poesía. Este
ser persiste en sobrevivir, debido no a las intervenciones
del Hada ni a su propia rectitud, sino más bien gracias a su
intransigencia y a fuerzas inexplicables que descienden del
supuesto reino del Hada Cibernética. No obstante, la figura
de la máquina-diosa sirve para personificar, o bien mecani-
zar, el sueño idealizante, y en consecuencia encarna la respuesta perfectamente ajustada a las necesidades humanas
y, cabe decirlo, las imperfecciones que se afilian al mundo
transfigurado en estos poemas. Estas indicaciones se deben
a una visión individualista del mundo circundante, cuya presencia se gana irónicamente. La obvia y palpable imposibilidad de la llegada del Hada Cibernética configura, a la inversa, un ámbito igualmente imaginario y abstracto, tan
negro como lúcido es el mundo potenciado por ella.

En la primera petición al Hada Cibernética, el hablante
la vio como musa: «¡Oh Hada Cibernética / cuándo harás
que los huesos de mi mano / se muevan alegremente / para
escribir al fin lo que yo desee» (PC, p. 32). Algunos críticos
han dicho que esta liberación aludía al oficio burocrático de
Belli [1], y aunque eso queda como una posibilidad en ese poema, por cierto es una observación absolutamente correcta
con respecto a «¡Abajo las lonjas!»:

> ¡Oh Hada Cibernética!,
> cuándo de un soplo asolarás las lonjas,
> que cautivo me tienen,
> y me libres al fin
> para que yo entonces pueda

---

[1] Fernando Tola de Habich, «Carlos Germán Belli: con *El pie
sobre el cuello*», *La Prensa*, 26 mayo, 1968, p. 31; Salvador Puig,
«Entre Vallejo y los clásicos», *El Comercio*, 7 enero, 1968, p. 35.

> *dedicarme a buscar una mujer*
> *dulce como el azúcar,*
> *suave como la seda,*
> *y comérmela en pedacitos,*
> *y gritar después:*
> *«¡abajo la lonja del azúcar,*
> *abajo la lonja de la seda!»*

(HC, p. 36).

Es evidente que la actitud rebelde dirigida a las lonjas apunta en general al mercado, seña directa del negocio y del oficio administrativo. Aunque el texto recuerda la imagen del poema que mencionamos más arriba, también rememora «¡Abajo el secreto régimen municipal!», cuya intriga impedía que el soñador se juntase con su «bocado fino de cuerpo y alma». Lo que destaca de «¡Abajo las lonjas!» —dejando al lado la repetición casi idéntica de apelación al Hada— es la combinación fortuita del hablante y su «bocado fino», bajo el signo de la diosa. Este «bocado» revela una vinculación que luego será común, es decir, la asociación de comida —resultado de trabajo y sustento de vida— y la mujer, objeto del amor y también sustento de la vida. La jerarquía de estos elementos vitales depende subterráneamente del régimen y del aceptado estilo de vida de aquel que sueña con la mujer accesible, sólo después de las horas diarias de trabajo, o después de toda una vida de trabajo. A pesar de la asociación iniciada aquí, la crudeza de la gula sexual y de la codicia material, descubren una conciencia mediana que, al parecer, es tipificada por deseos individualizantes y hasta triviales ubicados en un ambiente asfixiante, que fácilmente podría conducir a una acción revolucionaria. Es de mencionar, sin embargo, que la actuación designada para el Hada debe producir una solución inmediata e ingenua —asolar las lonjas— que jamás solucionaría la verdadera injusticia del reparto de bienes y del trabajo, que sin duda yacen como un secreto por debajo de las motivaciones representadas. Esta dinámica superficial concuerda entonces con la ocurrencia del hablante, quien asocia el «azúcar» y la «seda» con la mujer y de ahí, junto con su fervor revolucionario oscuramente entenido, extrema hacia el absurdo su solidaridad: «¡abajo la lonja del azúcar».

La ambigüedad irónica de este texto no está en duda en el verso «para que yo, Pocho y Mario / sigamos todo el tiempo en el linaje humano» del poema «Papá, mamá» (HC, p. 39), donde el sarcasmo ácido pesa sobre los bajos salarios de la economía peruana e instigan el deseo de abandonar el mismo linaje humano. Claramente, este texto implica que las opciones sociales reducen la existencia humana y la hacen limitar con lo animal, mineral y vegetal. En otros versos dedicados a los padres, la huella de Kafka se divisa en el peligro de no pertener de lleno al linaje humano: «¿...no pensáis, pues, que pasando el tiempo / algunos de vuestros hijos / volveríanse en inermes insectos, / aun a pesar de vuestros mil esfuerzos / para que todo el tiempo / pesen y midan como los humanos?» («¡Oh padres, sabedlo bien...!», HC, p. 41). Es preferible, como quiere el hijo en «Papá, mamá», abandonar ese linaje humano y escoger al fin:

> *una faz de risco,*
> *una faz de olmo,*
> *una faz de búho.*
> (HC, p. 39).

Sea como fuere, estos textos, lo mismo que «Segregación», documentan la inteligibilidad de un escape hacia linajes más dignos de vida que el humano. Junto con «¡Abajo las lonjas!», descubren una escala de valores desprestigiados para el hablante y su indignación incrédula moldea los versos de acuerdo con la rectitud transcrita en «una faz de risco...»

El expresado deseo de abandonar el linaje humano tiene consecuencias importantes para algo más que reparar la separación del hombre y la naturaleza señalada por los románticos, pues éste es un deseo de esfumarse en la flora y la fauna. Como se puede ver en «Si acaso a este orbe», el matrimonio entre la naturaleza y el hombre depende para el hablante de un rango distinto del que rige para los que gritan «¡que viva el vino!, ¡ que viva la cópula!» :

> *Si acaso a este orbe*
> *al fin alguna vez*
> *el Hada Cibernética llegare,*
> *nosotros que no vamos*
> *por el valle gritando:*
> *«¡que viva el vino!, ¡que viva la cópula!»,*
> *quizás no breve nuestro paso fuera,*
> *ni de ocio y de amor desbaratado,*
> *pues el mágico estambre de la vida,*
> *tan copioso sería*
> *como aquel en que el pájaro*
> *su vuelo estriba firme,*
> *o sus copas el árbol,*
> *o las piedras su peso.*

(HC, p. 37).

La imagen de la persona que grita alegremente extrema por medio de una comparación implícita su bienestar, producto del ocio y del amor no desbaratado. En contraste están los que esperan el alivio proveniente del ocio y del amor, y así: «quizás no breve nuestro paso fuera». Una recuperación vital y natural, de acuerdo con la mentalidad expresada por el desvalido, debe ser, pensamos, un legado ingualmete natural. Pero la suerte de que la vida recobre su «mágico estambre» depende de la hiperbólica tentativa de la proposición «si acaso... al fin alguna vez... llegare» y hace patética la simple noción de que, para éstos inclusive, el «peso» de la piedra no es auténtico. La filiación lógica de este pensamiento no postula la brumosa llegada del Hada Cibernética para que ella rectifique la naturaleza perdida de las cosas, el «peso» de las piedras por ejemplo, sino para que pueda repartir algún ocio a los desvalidos. La fe del hablante sostiene como fundamento vital el poder de ese «mágico estambre» de la naturaleza; el descanso le repartirá la posibilidad de sentirlo.

PASTOR/POETA

Las evidencias a que hemos aludido en estos poemas: el
deseo de una vida ociosa, la recuperación de la naturaleza,
el abandono del linaje humano a favor de linajes no humanos, dibujan una condición de exasparante agobio individual. También insinúan, a pesar de las muestras de obvios
toques idealizantes, la nostalgia de un reino concreto, transfigurado mediante sus añoranzas. La mención hecha en
«¡Abajo el secreto régimen municipal!», junto con el epígrafe de César Moro («Lima la horrible»), que encabeza el
libro ¡Oh Hada Cibernética!, identifican nítidamente a Lima
como contexto suficiente y necesario para estas lamenta-
ciones, no simplemente en su aspecto individual sino también sintácticos; por ejemplo: hipérbatos, elipsis, etc., emparentados con y derivados de la larga tradición poética en
lengua española. Como observamos en «Ni por una sola
vez...», hay un estilo específico y un género con el que se
identifican la mayoría de las figuras de uso en la poesía de
Belli:

NI POR UNA SOLA VEZ...
(a modo de Pedro de Quirós)

Ni por una sola vez son codiciados
mi morada, tu robre,
mi amor, el tuyo,
mi rabel, tu canto,
¡ay tórtola!, ¿entonces también contigo,
cuanto breve, codiciado,
cuanto grande, desdeñado?
(HC, p. 31).

Pedro de Quirós fue un poeta menor del siglo XVI, y el
poema, a su modo, transcribe la afinidad anímica sentida
por el hablante/poeta para con su colega distante, a través
de las claras alusiones a su común oficio: «mi rabel, tu canto,
¡ay tórtola!» No tan obvias, aunque presentes, son las señas

que identifican una situación pastoril: «mi morada, tu robre» (variante de roble), «mi amor», «el tuyo» que apuntan a una ironía patente. Según el poema, las objetividades alistadas no son codiciadas« ni por una sola vez», pero tampoco son «grandes» en la lógica de la presentación. Se juzga que la «grandeza» de la «morada», etc., del hablante se califica en una escala de valores que no aparecen directamente. Tal vez esa «grandeza» tenga que ver con la presencia de lo pastoril en el «microuniverso» de Belli. Sologuren da una muestra del léxico y de las figuras que documentan dicha presencia [2]. Tanto Francisco Lasarte, en su artículo «Pastoral and Counter-Pastoral: The Dynamics of Belli's Poetic Despair», como otros críticos, examina esta dimensión arcádica de destacada presencia. Lasarte menciona «Ni por una sola vez...» como parte de la «ironic rewriting of the Renaissance pastoral» [3]. Queremos plantear, por nuestra parte, que esta poesía no sólo retoma irónicamente las fórmulas y figuras pastoriles, sino que también reformula su espíritu y la imaginería de esa poesía del *beatus ille* peruano. Específicamente, la mención de «mi morada, tu robre» ilustra bien una doble filiación para la trayectoria de esta etapa de la obra de Belli: Lima arcádica y horrible a la vez.

El sentido de protesta que yace en el centro de las preocupaciones bellianas establece para la nueva generación —según Vargas Llosa— «una vía hacia la autenticidad con que tendría que expresarse el drama subterráneo de una conciencia nacional atormentada, y acaso también una defensa para la amenaza del 'encanecimiento precoz' que el poeta denunciaba y que constituía ya, o iba a constituir, el

---

[2] Javier Sologuren, *Tres poetas*, pp. 9-40. En verdad, éste es el estudio más comprensivo hasta ahora del léxico, sintaxis y figuras renacentistas y barrocas que figuran en la poesía de Belli; ver en particular las páginas 9-14 y 29-34.

[3] Francisco Lasarte, «Pastoral and Counter-Pastoral: The Dynamics of Belli's Poetic Despair», *MLN*, 94 (March, 1979), p. 309; entre otros que tratan lo pastoril en Belli están: G. Brotherston, *Latin American Poetry*, pp. 177-81 y J. Higgins, «Poetry of C. G. B.», pp. 327-29.

seguro procedimiento de los jóvenes» (Lastra «Después de
V.», p. 5). El seguro procedimiento a que hace referencia se
esclarece en la obra del mismo Vargas Llosa, *La ciudad y los
perros*, y en el ensayo de Salazar Bondy titulado justamente
Lima la horrible, y en *¡Oh Hada Cibernética!* de Belli; obras
que convocan una «escuela» literaria llamada la de Lima la
horrible. Pero aunque Ortega, Higgins, Brotherston y otros
apoyan este aspecto realista de la obra de Belli, también es
objeto de desacuerdo por lo menos de parte de un crítico va-
lioso, Jean Franco, quien dice «many fine poets..., i. e. Carlos
Germán Belli, have created a poetic world which has little
to do with national boundaries» [4]. Lo que parece evidente es
que Franco alude únicamente al mundo arcádico belliano,
pero aun así ése tiene mucho que ver con Lima.

En «El proceso de la literatura», uno de los *Siete ensayos
de interpretación de la realidad peruana*, Mariátegui describe
mediante tres etapas —colonial-dependencia; cosmopolita-
asimilación; nacional-expresión propia— un deliberado intento histórico de alcanzar la independencia socio-cultural [5].
La hazaña fabulosa de la Conquista surtió un efecto tan enorme en el período colonial que junto con la grandeza del Imperio español fertilizaba la fundación mítica de Lima. Se
juzga en materiales históricos —según Salazar Bondy— que
«el azar fue la loba que amamantó a los fundadores» y ¿quién
más entonces juega el papel de su dios tutelar sino el azar? [6]
Sin embargo, bajo el pie de la historia y la cosmología limeñas —no hay que olvidarlo— yacía la noble civilización in-
caica que tenía una propiedad comunitaria y un sistema laboral de notable humanismo. La famosa *Utopía* de San Tomás Moro se modelaba en civilizaciones ultramarinas de
fuertes semejanzas con las culturas indígenas del Nuevo

[4] Jean Franco, *Modern Culture*, p. 257. Higgins, «Poetry», p. 327
menciona la literatura de Lima la horrible.
[5] José Carlos Mariátegui, *Siete ensayos de Interpretación de la
Realidad Peruana*, 20 ed. (1928; reimp. Lima: Amauta, 1972), p. 239.
[6] Sebastián Salazar Bondy, *Lima la horrible*, 2.ª ed. (México:
Era, 1964), pp. 36 y 44.

Mundo. Pero desde que llegaron los europeos todo el pueblo autóctono ha sufrido la escisión bajo el dominio de la cultura blanca —española primero y luego criolla— repleta de sus jerarquías feudales y burocráticas; el «culto primitivo» que decía «Segregación N.º 1». Según Mariátegui, en esta etapa colonial la literatura peruana —exceptuando al Inca Garcilaso, precedente preclaro de la posible unión de dos razas— se distingue así: «El repertorio Colonial se compone casi exclusivamente de títulos que a leguas acusan el eruditismo, el escolasticismo, el clasicismo trasnochado de los autores. Es un repertorio de rapsodias y ecos si no de plagios» (7 *ensayos*, p. 238). La literatura colonial— observa Mariátegui— no se nutrió de la cultura indígena sino de la hispánica y por lo tanto es como «un enfermo cordón umbilical que la ha mantenido unida a la metrópoli» (*ibíd.*, p. 241). En tanto que la herencia cultural del Perú ha ignorado, en nombre de la civilización dominante, la presencia rural y montañesa, se repiten no sólo los nombres sonoros de las «Grandes Familias» limeñas, sino también los nombres de los literatos que se complacen en realzar la gloria perdida. Agregamos, gracias a Salazar Bondy, que el «sueño nobiliario» de los que habitan su «casa de cuarzo en forma de dodecaedro» se funda en el lema de Manrique: *cualquier tiempo pasado fue mejor*. La situación limeña depende del pasado y del fecundo mito de que «toda ciudad es un destino porque es, en principio, una utopía, y Lima no escapa la regla». Sin embargo, la utópica Lima, «La Arcadia Colonial —nos advierte Salazar Bondy— es la envoltura patriotera y folklórica de un contrabando. Lima es por ella horrible»[7]. Dentro del trazado panorama inicial, la primera muestra clara de la famosa sátira peruana se debe al «mal humor del corregidor» (don Felipe Pardo), el que evoca el pasado Virreinato, según declara Mariátegui (p. 240). La intervención literaria de Ricardo Palma mediante sus *Tradiciones peruanas* ilustra bien hasta qué punto el comentario

---

[7] *Ibíd.*, pp. 44, 10 y 27, respectivamente.

social de las instituciones —en primer lugar la eclesiástica, descendiente de la burocratización del imperio español— tiene sentido doble. Para la generación reciente «futurista» —denominación plenamente irónica, pues es la más pasadista de todas—, Palma fue el exponente máximo de colonialismo, es decir, el panegirista de una Lima anterior, perfecta, ciudad elaborada de su destino. Por otro lado, Haya de la Torre considera que Palma fue un «Tradicionista» (no tradicionalista) que «hundió la pluma en el pasado para luego blandirla en alto y reírse de él» (Mariátegui, p. 247).

El cosmopolitismo de González Prada congrega los términos de un doble juego de inspiración, nutrido por los clásicos españoles (y por otras literaturas europeas) y por el deseo de desprenderse del fácil infantilismo dependiente. La poesía de Eguren —lejos de ser infantil— todavía hoy encanta por su recreación de una realidad transfigurada, a modo de una imaginería rica e ingenua y de una literatura en la infancia de su independencia. Ya que estas indicaciones complementan la naturaleza cosmopolita del Modernismo, mantiene vivo el entusiasmo por un simbolismo que escapa hacia valores indígenas e hispánicos. Justamente fue González Prada quien hizo ver la condición enferma —«donde se aplica el dedo brota el pus»— de un país devastado por la tríada cura-latifundista-abogado y ocupado por el nieto y bisnieto del «feroz conquistador blanco» (Mariátegui, p. 259).

Con Melgar y Gamarra la literatura se lanza a recuperar el ritmo y el tono de lo que no es Lima. La influencia de Lima española primero, y criolla después, inaugura la tensión que de alguna forma desemboca en otra, paralela, apresada en la polémica indianismo-indigenismo. En Chocano prevalece la óptica colonialista de lo indígena —observa Mariátegui— con tal de que su representación grandilocuente desmienta la contención y melancolía natural del inca, y no pasa del paisajismo abogado por Riva-Agüero y su «futurismo» (Mariátegui, pp. 265-74).

Riva-Agüero y el intento civilista de la generación «futurista» que ya hemos mencionado, trataron de restaurar, alrededor de Ricardo Palma, el pasadismo limeño. Elogio de González Prada y el impulso renovador de Valdelomar y de los Colónidas, junto con todo el cuadro que hemos expuesto, sirve para preparar la entrada en escena de César Vallejo, el poeta peruano de mayor importancia. Siguiendo el esquema de Mariátegui, la poesía de Vallejo inicia la etapa nacional-independiente. Digno de su americanismo original el cuestionamiento metafísico de Vallejo inauguró para este siglo el intento de sintetizar lo que Monguió ha dividido en tres corrientes: nativismo, poesía social y poesía pura [8]. La gran problemática literaria del Perú moderno reside en una realidad necesariamente sintética, híbrida y, cabe decirlo, «mestiza». Los poetas que siguen a Vallejo experimentan con la realidad peruana, con pleno sentido utópico de encontrar la vía que dé con la lírica auténtica: Bustamante con sus imágenes antitéticas, Alberto Hidalgo, Oquendo de Amat, cuyo surrealismo aboga por la liberación humana, y también los poetas vinculados con el surrealismo, entre ellos César Moro, Xavier Abril y A. Westphalen. Dentro del cuadro más amplio de las dos academias de la poesía continental que ya expusimos y que encuentra su antagonista en estas señas breves de la poesía peruana, se esclarece la simple yuxtaposición de una lírica purificada —el neogongorismo de Ricardo Peña, que conjuga la tradición cultista y la popular, de Enrique Peña que experimenta con tradición y modernidad y lo mismo con Martín Adán— y de una poesía cabal que encuentra en Belli a un notable continuador de Vallejo.

Pero junto a las experimentaciones vanguardistas, todavía pervive la Arcadia Colonial:

> El pasado está en todas partes, abrazando hogar y escuela, política y prensa, folklore y literatura, religión y mundanidad.

---

[8] Luis Monguió, *La poesía postmodernista peruana* (Berkeley: Univ. of California Press, 1964), p. 86 y ss.

Así, por ejemplo, en labios de los mayores se repiten rutinarias las consejas coloniales, en las aulas se repasan los infundios arcádicos, en las calles desfilan las carrozas doradas del gobierno y en los diarios reaparecen, como un ciclo ebrio, las elegías el edén perdido. (Salazar Bondy, *Lima*, p. 15.)

Se puede aseverar que el criollismo es el sustento y la guarida del mito arcádico que obviamente pone sus ojos no en lo autóctono sino en lo que juzgan los criollos que debería ser la herencia hispánica. Según las pautas dadas, «lo colonial es voluptuoso y sensual» y el lugar donde el hedonismo sustituye a la estética, lo que es fácilmente visible en el gusto limeño, que dibuja en la arquitectura de la ciudad misma: «El barroco limeño, estilo medio, bastardo, cuyo ideal armoniza bien con una tendencia del alma criolla, la decoración ostentosa (Carlos Wiesse)» (*ibíd.*, p. 67). Así describe Julio Ortega la poesía de Belli: «sintaxis, léxico, imágenes —adquieren un valor de contradicción, están entre el *pastiche* y la nobleza verbal, entre la profunda caricatura y la aspiración a una coherencia perdida» (*Figuración*, p. 134). El deseo por restablecer esa coherencia, como demuestra Salazar Bondy, figura en la declaración: «Arcadia perdida, sí, pero que, según la receta, puede ser rescatada y revivida por la invocación soñolienta y paródica» (*Lima*, p. 19). Esta, pues, ha sido la técnica literaria de la conocida sátira limeña. Por estas muestras, está ya más que claro que Belli tiene sus antecedentes y sus motivaciones para demitificar la Arcadia perdida. Lima es horrible, reiteramos, no sólo porque es un contrabando ilusorio, sino porque su evocación es repugnante dentro de la actual y asfixiante realidad peruana. La evocación «pasadista» encubre el vivo retrato de Lima en estos días cuando reúne gente de todas las provincias y ejemplifica «en multicolor imagen urbana el duelo de la nación: su abisal escisión en dos contrarias fortunas, en dos bandos opuestos y, se diría, enemigos» (*ibíd.*, p. 10). Y si ya no fuera suficiente, hay que entender que una dinámica opera en la psicología del limeño criollo, tanto en el mestizo como en el cholo, el zambo y el indio: «...la algarada urbana ha disimulado, no suprimido, la vocación melancólica de los limeños, porque la Arcadia Colonial se torna cada vez más arquetípica y deseable» (*ibíd.*, p. 17).

La Conquista implantó sobre las ruinas del imperio incásico las fantasías utópicas y las creencias cristianas de una cultura mediterránea. Mariátegui observa al respecto lo siguiente: «La catolicidad se caracteriza, históricamente, por el mimetismo con que, en lo formal, se ha amoldado siempre al medio. La iglesia Romana suele sentirse legítima heredera del Imperio Romano en lo que concierne a la política de colonización y asimilación de los pueblos sometidos al poder» (p. 174). Por lo visto, la asociación estrecha que ha ligado la Lima Colonial y la Arcádica del Coloniaje —política y religiosa. En cuanto a estas materias, Belli medita con exasperación en el poema:

¡OH HADA CIBERNÉTICA!

¡Oh Hada Cibernética!, ya líbranos
con tu eléctrico seso y castro antídoto,
de los oficios hórridos humanos,
que son como tizones infernales
encendidos de tiempo inmemorial
por el crudo secuaz de las hogueras;
amortigua, ¡oh señora!, la presteza
con que el cierzo sañudo y tan frío
bate las nuevas aras, en el humo enhiestas,
de nuestro cuerpo ayer, cenizas hoy,
que ni siquiera pizca gozó alguna,
de los amos no ingas privativo
del ocio del amor y la sapiencia.

(HC, p. 50).

La invocación esperanzada nombra directamente al Hada, como de costumbre, pero ésta es la primera vez que el hablante menciona expresamente las potencias de esta figura. Es posible que las mencione de acuerdo con cierta presión angustiada que le aflige, evidenciada en la expresión impaciente «ya líbranos» cuyo adverbio enfatiza aún más el mandato acentuado, en contraste con los otros ejemplos de apelación que subrayan levemente la pregunta, ¿cuándo? Estos severos endecasílabos describen una conocida situación laboral de quien jamás ha gozado «el ocio del amor y la sapiencia». El texto se organiza alrededor de los dos mandatos que dividen en dos mitades el deseo del hablante de la liberación futura y de la agonía presente. Al lado de las aclaraciones sumarias de las fuerzas cibernéticas, es notable la identificación de «los amos» criollos, es decir, «no ingas» (incas). En la primera mitad del texto, el «eléctrico seso y casto antídoto» aparentemente aluden a la inteligencia superior del hada para encontrar otra solución para la falta de ocio y para la fertilidad («casto antídoto»). Es decir, para que las generaciones futuras no tengan que sufrir el mismo martirio. La proyección hacia el futuro se entrevera con el peso de los «oficios hórridos humanos», ligados mediante el símil infernal al «tiempo inmemorial» y a las «hogueras» de un tiempo primitivo. Las «hogueras» ocupan justamente el centro del poema y sus llamas queman el cuerpo colocado en las «nuevas aras» de su propia destrucción. Las «nuevas aras» también connotan el materialismo de un mundo infernal, accesible mediante las fuerzas posibles del Hada, y enmarcado por la expresión conceptista «cuerpo ayer, cenizas hoy». La insinuación de un ámbito mítico y pagano («aras», «humo», llamas de las «hogueras») implica un tono apreciable de rezo que acompaña «amortigua, ¡oh señora!», y el contrastante tono mítico abordado en «el cierzo sañudo y tan frío». Este viento inhospitalario —clara alusión clásica y pagana por lo demás— sirve para indicar la fortuna contraria que acecha al hablante. Sin embargo, su mención, junto con las muestras alusivas al período clásico barroco, tales como los varios epítetos («eléctrico seso», «crudo secuaz»), los hipérbatos, conceptos, elipsis y el léxico peculiar perfilan un «pasadismo» cuyos contornos acabamos de ilustrar. Pero hay que agregar que «¡Oh Hada Cibernética!, ya

líbranos» no representa un «pasadismo» de «rapsodias», porque la mezcolanza de su propia factura tanto como la imagen de su hablante angustiado hacen más bien crítica irónica del mundo de los «no ingas». Sin embargo, la ironía
alumbra a la vez la situación lamentable del hablante. Su
figura de consolación es soñada y pertenece al reino imaginario, tan distante como la «pizca» que «ni siquiera... gozó
alguna». En total, el poema traza la imagen de un mundo
donde las premisas y fundamentos del «contrabando» Arcádico tienden a llevarse hacia un extremo absurdo, y por
lo tanto el texto transfigura una realidad aplastante: la de
Lima la horrible.

Varios de los elementos del poema «¡Oh Hada Cibernética!, ya líbranos» son reconocibles y aun frecuentes en el
corpus belliano. Recordando el afán sintético de estilos poéticos y su experimento mágico, que de alguna forma se vio
entrometido en la creación del Hada, es oportuno considerar
lo que Hough dice del Simbolismo:

> The poet is a magus, calling reality into existence, or he is
> the sole transmitter of a mysterious system of corresponden-
> ces that actually pervades the universe, but only becomes appa-
> rent in art... At times we seem to be in something like the me-
> dieval symbolic universe. But that symbolism has a key, a key
> given once and for all in revelation. Since the means of grace
> and some means of instruction are available to all, it was in a
> sense a joy in widest communality spread; while the Symbolist
> universe reveals itself only in glimpses, only in art, and only to
> initiates (p. 10).

El Hada convoca un universo literalmente real, realidad
presente, limeña, ya dotada de una dualidad inherente: la
modernidad del centro urbano y el pasadismo «Arcádico»,
tan despreciable según Salazar Bondy. Pero en el hiperbólico
tratamiento de Belli, en su visión poética de esta realidad
dupla, la visión se transfigura, se distorsiona por vía de sus
propias potencias yacentes. El Modernismo se basaba en
parte en una evocación del pasado, pero era un reino lejano
y exótico, que daba motivos para los ataques contra el «es-

capismo». Ha habido otros intentos poéticos similares en el
siglo xx. Me refiero a los poetas anglo-americanos, T. S. Eliot
y Ezra Pound; y a este último se puede asociar a Ernesto
Cardenal, que aplica a quehaceres presentes los antiguos
salmos. El orden del universo gestado por Pound —explica
Octavio Paz— es jerárquico como lo es el de Belli, pero a
diferencia de Pound parece fundamentarse en el dinero
(«El lucro», «Fisco»). Paz ilustra otras distinciones tocantes
a Pound:

> Su pasión no fue la libertad ni la igualdad, sino la grandeza
> y la equidad entre los desiguales. Su nostalgia de la sociedad
> agraria no fue nostalgia por la aldea democrática, sino por las
> viejas sociedades imperiales como China y Bizancio, dos gran-
> des imperios burocráticos. Su error consistió en que su visión
> de esas civilizaciones ignora el peso enorme del Estado aplas-
> tando a los labriegos, los artesanos y los comerciantes. (*Hijos*,
> p. 170.)

Por lo menos no se puede condenar a Belli por ignorar en
estos poemas ni el peso del Estado que aplasta al labriego,
ni por buscar un espacio alejado de los problemas persis-
tentes en la sociedad peruana; la Arcadia Colonial es un
contrabando, eso sí, pero es contrabando, ya inextricable,
de la cultura, la historia, y la sociedad del Perú contemporáneo.

Debido en parte a dichas aseveraciones, observamos que
la clave simbólica para el «microuniverso» de Belli encuentra su principio en *¡Oh Hada Cibernética!*, pero no radica solamente en la figura del Hada, ni es accesible
solamente a iniciados, pues su sistema expresivo, para
dar un ejemplo, pertenece por igual a la Lima de todos los
días y a su pasado cultural. Sin embargo, es notorio que todavía falta alguna clave para esclarecer los entramados de
estos textos híbridos. Ya hemos anotado la falta de una
figura mariana de consuelo y, por extensión, del catolicismo
como fuerza vital. Junto con el verso «las nuevas aras... /
de nuestro cuerpo ayer, cenizas hoy» y, aún más, junto con el

enfocado «cuerpo» de «Expansión Sonora Biliar», tengamos presentes estas palabras del autor de *Los hijos del limo:*

> Para el cristianismo el cuerpo humano era *naturaleza caída,* pero la gracia divina podía transfigurarlo en *cuerpo glorioso.* El capitalismo desacralizó el cuerpo: dejó de ser el campo de batalla entre los ángeles y los diablos y se transformó en un instrumento de trabajo (p. 202).

Parte del contrabando que porta Lima la horrible es el hecho de que a muchos no les es dado gritar «¡que viva el vino!»; su cuerpo no es una fuente de placer como lo es para otros, sino un modo de producción. En el «microuniverso» no se obtiene un sensualismo corporal sino en la «hora de la revuelta», y, a veces, inesperadamente, aun antes de esa «revuelta». Continúa Paz:

> La resurrección del cuerpo quizás es un anuncio de que el hombre recobrará alguna vez la sabiduría perdida. Porque el cuerpo no solamente niega el futuro: es un camino hacia el presente, hacia ese ahora donde vida y muerte son las dos mitades de una misma esfera (p. 203).

La clave simbólica del «microuniverso» es la figura del pastor/poeta que cumple un papel doble en un mundo regido por los postulados del neoplatonismo, imaginado en el idilio pastoril[9]. El personaje duplo y sus preocupaciones básicas sirven para indicar dos líneas, a veces tratadas separadamente, y otras, entramadas. El pastor y el poeta son figuras solitarias y apartadas por la índole de su oficio. Incluso hay que observar que en el bucolismo renacentista, y aún en toda la tradición greco-latina, se configuraba una reacción simbólica en contra de los artífices de la corte urbana. El hecho de que los poetas que cantan a las Galateas y Dianas fueron cortesanos disfrazados de pastores es una ironía prescindible, en vista del simbolismo de su gesto de rechazo

---

[9] Ambos Sologuren, *Tres poetas,* p. 9 y Lasarte, p. 313, vinculan el «pastor» y el «poeta» bellianos.

de las intrigas y complicaciones fastidiosas de la corte. La
situación prototípica de la poesía bucólica radica en la soledad del pastor/poeta que lamenta en versos melancólicos
la ausencia de su amada. Es notable que el oficio de pastor
suponga, convencionalmente, el ocio propociado por la cría
de ovejas y, en consecuencia, el ocio requerido para cantar
largamente (en la «Primera Égloga» de Garcilaso, el canto
ocupa todo un día) la muerte o el alejamiento de la dama.
El poema de Belli «En Bética no bella» indica claramente
la identificación plena de estos elementos. «Bética» conjuga,
a través de sus amplias asociaciones con el género pastoril
en lengua española, un espacio dotado de características idí-
licas, como ha indicado Sologuren (*Tres poetas*, p. 9). Se
divisa en la locución indirecta de «bética no bella» el perfil,
o mejor, el «hábito ruin» de Lima la horrible:

EN BÉTICA NO BELLA

Ya calo, crudos zagales desta Bética
no bella, ni materia, y me doy cuenta
que de abolladuras ornado estoy
por faenas que me habéis señalado
tan sólo a mí y a nadie más ¿por qué?,
mas del corzo la priesa privativa
ante el venablo, yo no podré haber,
o que el seso se me huya de sus arcas
por el cerúleo claustro, pues entonces
ni un olmo habría donde granjear
la sombra para Filis, o a mis vástagos,
o a Anfriso tullido, hermano mío;
pero no cejaré, no, aunque no escriba
ni copule ni baile en esta Bética
no bella, en donde tantos años vivo.
(HC, p. 56).

En la programación de los textos que constituyen el «microuniverso» (**HC, PC, MA**) la colocación de los últimos poemas de cada libro cumple funciones no sólo sintetizadoras,

sino que son expresiones de fe: efusiones del espíritu. En esta serie se ubican «En Bética no bella», «Sextina Primera», «Sextina de Mea Culpa». Naturalmente que en el poema «En Bética no bella» se ponen de manifiesto tópicos, sintaxis, etc., reconocibles ya como clichés, no sólo de una poética pasada de moda, sino clichés justamente de la misma obra belliana. En cambio, es notable la falta del Hada Cibernética, cuya presencia se siente, como la de Lima, subtextualmente. Sin embargo, la ausencia de la máquina-diosa destaca la fuerza de esta declaración del hablante, que se enfrenta a los «crudos zagales» con una acusación y con lo que resulta ser una defensa; en suma, una declaración de independencia y de oposión («no cejaré»). Esta oposición, expresada por quien carece de armas, sólo le permite resignarse al trabajo que le han señalado, y acaso tenga afectos negativos sólo para él en esta «Bética... en donde tantos años vivo», pues «aunque no escriba / ni copule ni baile» son los valores certeros de su vida, menos uno: sostener a la familia. El valor aportado en los términos elegantes y arcádicos de la parte central del poema (versos 6 a 12), indudablemente tiene que ver con la provisión del sustento de la familia y de los seres amados. Aunque estos versos no son completamente gongorinos, sería oportuno aclarar sus hipérbatos y modernizar la dicción. En efecto, «mas del corzo la priesa privativa / ante el venablo, yo no podré haber, / o que el seso se me huya de sus arcas / por el cerúleo claustro» equivale a decir: pero no podré disponer de la rapidez del animal de caza que escapa de la flecha del cazador, ni podré permitir que mi consciencia-inteligencia («sesos») se me escapen por vía del ensueño, de la locura o de la ignorancia. Pues el resultado de estas incapacidades, aun si fueran conocidas, desembocaría en la falta de paz y tranquilidad («la sombra para Filis») para sus familiares, ya dotados de nombres típicos de la poesía pastoril. Consideremos la esencia práctica de esta resignación. Aun en la circunstancia de que no le quedan opciones, ni salidas para su situación aplastante, el poeta no puede cejar, porque entonces no habría «la sombra para Filis». Está claro que el valor de la «sombra» supera a todos los demás elementos. En este ambiente exento de ocio, el bienestar sólo se gana cediendo a la ilusión arcádica. Como el «cierzo sañudo», la fuerza de la contrariedad de este solitario recibe impulso motivado por su exasperante adopción de las premisas arcádicas, pero al hacerlo se ve completamente atrapado en su «bética no bella». Aunque explícitamente señala la posibilidad de que no «escriba», obvia indicación de su deseo de poetizar, esto no cancela su capacidad, ni su derecho a imaginar «libremente». Libremente, porque mezcla la imagen de la caza —frecuente elaboración estilística en el período barroco: «el corzo ante el venablo»— con la imagen surreal de la huida de los «sesos» por el cielo o «cerúleo claustro». La mezcla de ambos ejemplos de «escapismo» encuentra un mismo tratamiento hiperbólico y barroco. Los vocablos, algunos en uso aún hoy día, se asocian con un idioma pasado de moda —«corzo, priesa privativa, venablo, seso, arca, cerúleo claustro». El adjetivo «privativa» hace referencia, en este contexto despectivo, al individuo que a duras penas se destaca en un sistema económico regido por la propiedad privada y donde las privaciones de muchos son notorias.

El afán cultista, latinizante que ya hemos visto («vástagos» es elegante para hijos, tal como «cerúleo claustro» para cielo) concuerda con un propósito inherente al esquema lingüístico y tiene funciones múltiples. La anteposición de adornos adjetivales —«*crudos* zagales», «*cerúleo* claustro», «*priesa* privativa»— junto con los hipérbatos —«de abolladuras ornado estoy», «mas del corzo la priesa privativa...»—, además de las mismas transposiciones —amos en «zagales», lacras en «abolladuras», Alfonso en «Anfriso»—, todo participa de un mismo intento duplo. La idealización y la mención indirecta de objetividades pertenece al género pastoril, que parece desligarse estéticamente del objeto vital del poema. Por otro lado, la inserción de vocablos coloquiales como «ya calo», y la combinación de adjetivos degradantes («crudos») con sustantivos altisonantes («zagales»), o sea, la contradicción implícita en la «bética no bella», desmienten la idealización y aumentan la devastación «privativa», imaginada en este espacio. El nexo de los dos códigos y maneras poéticas produce una confusión estética: ¿es estética relacionada con uno de los dos sistemas o con ambos? Creo que con ambos, porque, lejos de cancelarse, esta poesía dibuja clara y lúcidamente la realidad presente de Lima: arcádica y horible. El poema se lanza, con respecto a los verbos usados en presente: «La calo... que estoy ornado de abolladuras... donde tantos años vivo», hacia un porvenir paradójicamente esperanzado, recuerdo leve de la huella del Hada Cibernética, visto en «yo no podré hacer», «ni un olmo habría...», «pero no cejaré». Esta proyección se obstina en meditar sobre la pregunta acusatoria: ¿por qué a mí y a nadie más? El hablante convoca para sí mismo el certamen, y en cierto sentido, la promesa de imaginarse libremente en su situación horriblemente pastoril, y aunque no «escriba», permite que Belli, en su contexto histórico, haga poesía con las ricas potencias de este hibridismo moderno y tradicional del hablante: «medio pelo limeño contemporáneo».

Las dimensiones arcáicas ya han sido objeto de comentarios críticos, como hemos anotado, pero por lo general los críticos se conforman con la noción de una mutua negación estética, implícita en la conjugación de sistemas léxico-sintácticos dispares que aumentan la moderna devastación anímica [10]. Por nuestra parte, es necesario agregar, de acuerdo con Julio Ortega, que la visión belliana no representa una semejanza o identidad con el barroco español, ni histórica ni culturalmente (*Figuración*, p. 135). La poesía de Belli prefigura una realidad americana imaginada desde la perspectiva del «ocaso de la idea moderna de arte», donde la mutua negación moderna sí aumenta el malestar individual,

---

[10] Lasarte, p. 319. Ver la nota 29, p. 27 de la Introducción para una lista de críticos que comentan la mutua negación léxico-sintáctica.

pero además vislumbra sobre sí misma otro contexto res·
tante.

¡Oh Hada Cibernética!, no en una progresión lógica, sino
más bien en la forma de una profunda exégesis espiritual,
configura las señas de la realidad circundante. La peripecia
del hablante a través de un mundo y una situación anímica
llenos de peligros de varias clases, prepara al lector para
percibir los contornos del orbe bidimensional. En los textos
que componen esta sección —entrada al «microuniverso»—
predomina la queja o *planctus*, fácilmente inteligible en el
gesto inscrito en el título *¡Oh Hada Cibernética!* Como puede
comprobarse asimismo en las exclamaciones doloridas, las
actitudes tentativas o las preguntas retóricas de rango metafísico que prestan al todo un tono incrédulo e hiperbólico
en los poemas «¿Por qué me han mudado?», «Si aire sólo
hay», «¡Oh Alma mía empedrada!», «¡Oh Alimenticio bolo!»,
«¡Ay muerte...!», etc. En conjunto, el tono de lamento concuerda en general con la situación pastoril de fondo y de
indudable efecto sobre la voz de quien grita, gime, exclama,
gesticula y pregunta, siempre sumamente desilusionado de
la vida, «¿por qué me han mudado? / del claustro materno...» (HC, p. 29).

En efecto, varios de los textos breves, en especial los de
la primera sección de *¡Oh Hada Cibernética!*, elaboran motivos que forman parte del repertorio pastoril. Por ejemplo,
la mujer esquiva le reparte «un frío miedo», y el hablante
pregunta: «¿así será siempre / este cuero erizado, / en un
millar de ojos transfigurado?» (PC, p. 45). Pero la mujer
esquiva ha estimulado gran parte de la poesía mundial, prin-
cipalmente porque su actitud precipita la constatación de
la soledad del amante no correspondido en el momento de
la deseada unión. La soledad individual de quien está cons·
ciente de la proximidad de la muerte aumenta las sensacio-
nes de miedo y del devenir del tiempo. Pero el trastorno causado en este hablante solitario pone además las cosas fuera
de su sitio, de arriba para abajo:

BIEN QUE PARA MUCHOS...

Bien que para muchos es tanto cielo,
cuanto para mí infierno,
quedo allí y a cada paso dejando,
por quítame esas pajas,
mi piel sí y aun mis huesos y aun mis tuétanos.
(PC, p. 43).

En la manera hiperbólica, característica de este hablante, la misma soledad hace que su muerte de pequeñas muertes —«a cada paso dejando / ...mi piel ...mis huesos»— termine no sólo siendo una meta, sino que su postergación misma le aproxime aún más a ella en «Este valle de heces»:

En este valle de heces no finible,
véome que soy zaguero
de canillas, de cuero, de garguero;
mas hártome de contento
al tener menos lazos, menos peso,
menos días por delante.
(PC, p. 44).

Su soledad humana, en el marco de la expectativa —«algún día el amor / yo al fin alcanzaré, / tal como es entre mis mayores muertos...» (HC, p. 30)—, es la que se afilia, en un sentido lato, a un estado bucólico.

Además, la situación comunicativa convencional del género pastoril postula que el pastor dirija su lamento a la amada ausente, y tanto su canto como lo injusto de su situación son tan conmovedores que ejercen un efecto idéntico sobre la naturaleza. Puesto que las pocas muestras de la naturaleza que aparecen en estos poemas están despojadas de virtudes —«En este valle de heces»— o son meros objetos —«olmo», «piedra», «prado»—, no cancelan su alusión a lo pastoril. De hecho, la negritud o desnudada condición de la mención de estas entidades, es consecuente con la melancolía del sujeto, en un grado tal, que, al modo expresionista,

todo se pinta de perfil. Aún más, éstas son evidencias de que
el hablante vive en un clima y un «prado» pintados falsa-
mente de bucólicos, y sus lamentos se destinan a perforarlos.

La paranoia que siente el hablante se debe a esto y al
pacto que han hecho «el extraño, el amigo o el hermano»,
precisamente porque el hablante percibe la falsedad de
«Esta playa sin arena, sin mar, sin peces». Acuden entonces
a la memoria lo versos de «Si acaso a este orbe», que postulan la llegada del Hada, pues entonces las «piedras» reco-
brarían su peso:

EN ESTA PLAYA SIN ARENA...

En esta playa sin arena, sin mar, sin peces,
do me hallo mal mi grado,
a mis miles de añicos añudado,
pienso yo muchas veces,
que entre sí hayan pactado
desde su edad primera,
para prevaler sobre mí no más,
el extraño, el amigo o el hermano.

(PC, pp. 55-56).

Pero en el poema el hablante se identifica a través de su
disminución («añicos») con la arena sobre la que camina el
«extraño». Si la naturaleza de este «prado» es falsificada, y
si su condición verdadera es negra, y dado que la poesía de
esta etapa belliana es altamente oral, dialogante, ¿quién escucha su lamento?

Martínez Bonati observa que el género coloquial está determinado por la percepción de la situación comunicativa
total. La poesía lírica sería entonces aquella en la que el hablante se dirige a sí mismo para contemplar su propio
desahogo; el soliloquio dibuja la situación puramente lírica.
Dentro de la misma situación comunicativa —con el aporte
de W. Kayser— es posible indicar un apóstrofe dramático a

un destinatario; y también indicar la presencia de elementos narrativos [11]. En la práctica, T. S. Eliot ha designado a éstas como las tres voces de la poesía, en el orden que dimos arriba. La primera, lírica; la segunda, situacional, dramática; la tercera épico-narrativa [12]. Si en los poemas de Belli alistamos los que claramente emplean la segunda voz, podemos congregar a su auditorio intrínseco: el amor («Algún día el amor»); el Hada Cibernética; el bolo alimenticio («¡Oh alimenticio bolo!»); Papá, mamá (¡Oh Padres, sabedlo bien!»); el hermano Alfonso («En saliendo del vientre»); la muerte («¡Ay muerte!»); el Hado («¡Oh Hado!»); los amos («En bética no bella»); el austro, el orbe («Yo ya en nada me fío»).

Notable en la lista son las fuerzas abstractas de la naturaleza: el Hada Cibernética, el Hado, el austro-viento, el orbe, con el añadido de que el «bolo alimenticio» es su equivalente en los poemas mencionados al respecto. Estas son las potencias que fijan el destino o que son capaces, dentro de la imaginación poética, de modificarlo, o sea de cambiar la realidad. Habría que agregar que los mencionados amor-muerte, como límites máximos del destino humano, son convencionales en toda poesía. Por lo demás, los restantes destinatarios del hablante (en esta lista reducida) forman parte del grupo familiar: el hermano, y los padres, o en contrario de otro grupo —identificado mediante «zagales», y alusiones al ocio, altura y alegría— referido a los amos y poderosos de la sociedad. En el reducido número de destinatarios se hace sentir la soledad del hablante, justamente por falta de una mujer amada receptora de la apelación suya. Esto se debe a que el hablante jamás ha dispuesto de algún tiempo de ocio para buscar el amor, asumiendo por el momento la lógica de que se necesita tiempo para encontrarlo. Vista así, la injusticia de la estratificación social le prohibe el amor deseado. El hablante se encuentra en una supuesta

---

[11] Martínez Bonati, *Estructura,* pp. 180-81; véase también la mención de W. Kayser en la nota 105, p. 181.
[12] Ed Block, «Lyric Voice and Reader Response», *Twentieth-Century Literature*, 24, n.º 1 (1978), p. 156.

Arcadia (Lima) cuya falsedad dicta, mediante los amos, un trabajo aplastante que contradice la expectativa anhelada. Es una situación sin más salida que la muerte o el milagro, o la revolución. Por ello es completamente lógico el deseo de aniquilación, de las continuas peticiones al Hada Cibernética, y habría que añadir el cuestionamiento metafísico de la voz lírica básica, que no hemos incluido en la lista.

Las alusiones a sí mismo en poemas de cuestionamiento metafísico requieren, según Walter Ong, que el hablante se objetive para contemplarse [13]. Aunque hay ciertos problemas teóricos con esta noción, podemos en la práctica, y en particular en el caso de varios poemas de Belli, aceptarla como base de la discusión. Para poner un ejemplo, en los poemas en que el hablante se dirige al «bolo alimenticio», se produce la incongruencia de que contempla el objeto de su hambre —transfigurado en sustento «fino de cuerpo y alma»—, el cual naturalmente será parte de su mismo cuerpo. El «bolo alimenticio» no es la «Alcachofa» de las *Odas* de Neruda y aunque por cierto ambos participan de un impulso «impuro», es evidente que este «bolo» ya se ha despojado de sus galas culinarias y de toda sustancia convencional. El «bolo alimenticio» connota no sólo un proceso ingestivo cotidiano, sino también procesos bioquímicos vistos desde una perspectiva científica. Si el hombre es reducido en el mundo a sus dimensiones más cotidianas y a sus necesidades físicas, entonces es consecuente que estas necesidades se convierten en puras entidades físicas también y, agregamos, ascéticas. Viene al recuerdo la reacción implícitamente negativa de la alegría y el hedonismo de los que gritan «¡que viva el vino!» En el presente ejemplo, se nota la objetivación literal de la voz lírica.

En otros textos similares, y en cuanto a la situación autocontemplativa, hay que observar que pervive en ellos una

---

[13] Walter J. Ong, «The Writer's Audience Is Always a Fiction», *PMLA*, 90 (1975), p. 21. Ver la nota 4 donde Ong considera las tres voces líricas planteadas por T. S. Eliot.

invocación dirigida a otro reino, a través del autocuestionamiento. Pienso en la pregunta «¿Por qué me han mudado...?» Desde el impersonal «han» se señala a ciertas desconocidas potencias, abordadas en la mudanza alternativa —«desovarme / en agua o aire o fuego» (HC, p. 29). En todos estos ejemplos, el lector se ve obligado por la dinámica de la situación comunicativa contemplada, a compartir, a proyectarse, si se quiere, en el papel del hablante. Aunque este tipo de contemplación ya rige para la recepción estética de otras situaciones comunicativas —el coloquio amoroso, por ejemplo— se nota que el involucrado oyente-lector puede permanecer distanciado de la comunicación imaginaria, es decir del amante y de la amada. La situación de la autocontemplación permite que el lector se cuestione a sí mismo como si fuera el sujeto lírico. El poema «En vez de humanos dulces» ilustra esta situación:

> *En vez de humanos dulces,*
> *por qué mis mayores no existieron*
> *cual piedra, cual olmo, cual ciervo,*
> *que aparentemente no disciernen*
> *y jamás a uno dicen:*
> *«no dejes este soto,*
> *en donde ya conoces*
> *de dó viene el cierzo, adó va el noto».*

La reflexión del sujeto incorpora su propia interrogante: «¿por qué mis mayores no existieron...?» y además la conseja de los mismos «mayores» que ha impulsado su reflexión. Esta manera de inscribir en su pensamiento las propias palabras autoritarias de los «mayores» indica dos cosas: la medida en que el hablante ha interiorizado la conseja, y que el aforismo antecedió a la reacción del hablante. Este procedimiento parece justificar para el sujeto la validez de su pensamiento, que depende de la capacidad de discernir de los mayores, que siempre le ofrecen consejas. La ironía de este decir se establece en la expresión «humanos dulces», puesta al descubierto por el deseo del hablante de que existieran ellos como entidades no sensibles, no humanas. Resulta, pues, que tanto el lector implícito como el hablante se hallan en circunstancias de escuchar las palabras enunciadas directamente por los «mayores». Sin embargo, el lector, a falta de otras indicaciones, se ve obligado a juzgar ambas dicciones, rectificando por tanto el orden natural de las mismas; es decir, primero la conseja y luego la reflexión del hablante. Con tal de que así lo haga, el propósito del hijo de encubrir por qué reacciona exageradamente ante el mandato autoritario se echa a perder. Es evidente que hay el afán de independizarse del peso de la tradición familiar/social; independencia típica del hijo respecto a los padres. No obstante, la ironía inserta en el «preámbulo» a la conseja revela el verdadero objetivo de esta reflexión —la responsabilidad individual— manifestada en el hecho de que el hijo efectivamente no ha dejado el «soto», porque no ha podido, por alguna razón, seguir su instinto. Ofrecemos el ejemplo de «¡Oh alma mía empedrada!», donde la falta de libre albedrío no le ha permitido seguir su propio consejo: «abre la puerta del orbe / y camina como tú quieras», señalando mediante el alma «empedrada / de millares de carlos resentidos» un autoconocimiento paradójico.

En el poema «En vez de humanos dulces», la razón por la cual el hablante quiere que los mayores no disciernan, se debe simplemente a que entonces no podrían recordarle su propia falta de valor, de lucidez y de oportunidad para dejar el «soto», contradiciendo la conseja. Además, si los mayores fueran «piedra», u «olmo», el hijo natural de la «piedra» también carecería de la capacidad para discernir y tendría la tranquilidad de los objetos naturales, en forma semejante a la meditación de Darío en «Lo fatal»: «dichoso el árbol que es apenas sensitivo».

Mezcladas con estas observaciones están las objetividades de una naturaleza idealizada y el carácter de la conseja misma, cuya sagacidad, esencialmente «pasadista», trae al recuerdo la conseja de la evocación de la Lima Arcádica (cualquier tiempo pasado fue mejor). También es de notar que la preocupación del hablante se centra en la transformación del mismo fundamento de su existencia; es decir, en el cambio de su propia génesis. Por extensión, esta preocupación tiene que ver, en el contexto de estas dinámicas, con la fundación y transmisión del mismo pensamiento arcádico —la contraparte del «secreto régimen municipal», aportado ingenuamente por generaciones no despabiladas.

La reiteración de «cual» en el verso «cual piedra, cual olmo, cual ciervo», sirve para realzar cada elemento de esta «flora y fauna», de acuerdo con la exasperación del hablante. Pero también sirve de señal para iniciar un código lingüístico y una ambientación reminiscentes de «lo pastoril». El arcaico «cual», en función de «como», ejerce en dicha serie una función equivalente al epíteto, para caracterizar las consabidas «piedras», «olmos» y «ciervos» del soto bucólico. Este procedimiento hace sistema con el vocablo «soto», ahora puesto en primer plano en el contexto de la conseja que dicta al oyente/hijo que no debe salir del lugar porque, en efecto, ya conoce donde le aprieta el zapato e implica que las cosas en otro sitio pudieran ser peores. La mención de los vientos «cierzo» y «noto» llevan consigo las alusiones mitológicas de su carácter portador de la buena y malaventura del azar. Si nos fijamos claramente en la conseja, se dispersa una primera impresión de que «cierzo-noto» sugiere la vicisitud arbitraria de ambas fortunas, por la razón de que el único punto cardinal señalado es el norte («'de dó viene el cierzo, adó va el noto'»), el cual, por asociación, trae siempre la malaventura.

En la progresión (caótica) de poemas de *¡Oh Hada Cibernética!*, observamos la fundación mítica de Lima en los términos poéticos de su imaginada realidad sintética. Casi punto por punto podemos seguir las bases de la «horrible» evocación arcádica expuestas por Salazar Bondy en *Lima la horrible*. Otro ejemplo de una variante de la conseja colonial, similar a la que acabamos de describir, aparece en el verso «no folgarás con Filis, no, en el prado, / si con hierros te sacan / del luminoso claustro, feto mío», del poema «Una desconocida voz» (HC, p. 33). La reacción postrera del ya crecido «feto», que no ha podido antinaturalmente folgar con Filis, es simplemente la de preguntarse inútilmente: «por qué no fui despeñado, / desde el más alto risco, / por tartamudo o cojo o manco o bizco».

Aunque se ignora a quien pertenece la «desconocida voz», el detalle no encubre el hecho de que la condición inválida del hablante se debe a fuerzas del destino, ya que cuando todavía era feto le predicen acertadamente su futuro, ahora presente. El hablante se obstina, pues, en rehusar la responsabilidad propia, que se traduce en el deseo de no salir del «claustro luminoso» y de lamentar el que no lo hayan arrojado del peñasco. El sentimiento de la enorme injusticia de la vida que acompaña su autocompasión apoya la fácil solución que debe traer el Hada Cibernética para rectificar estos yerros.

Ya hemos mencionado los vientos del azar que también figuran en la fundación y en la continua evocación del idilio y «buena fortuna» limeños. A la manera de los vientos mitológicos de antaño, el viento «austral», objeto de su reclamo en «Al austro», es «dulce» y «cuánto invisible, portador prolijo / de las más varias cosas» (HC, p. 51). El hablante, carente de voluntad y un albedrío propios, expresa al austro el deseo de que su cuerpo, «olvidado despojo, vuelto polvo», sea barrido «hacia el lejano sur» por el «cierzo». Es evidente que en este mundo en el que todo está determinado a priori, sólo el «cierzo» podría llevarlo al sur. Pero injertada en estos razonamientos figura la motivación por la cual es «dulce» el viento austral. De allí fue de donde trajo el aire «una ninfa en volandas y ventura». En cierto sentido, esta buenaventura revela, en el carácter del hablante, su falta de experiencia con el viento «dulce» del azar, visible en el deseo de controlar el airoso soplo del azar según dicta la gratitud personal. Su atontada confesión de que por vía del amor ahora puede tomar «asiento en el linaje humano ajeno» revela el autodesprecio, a la vez que recuerda al lector la raíz todavía ignorada de su deshumanización en

manos de los «crudos zagales». Aquél, como todo limeño
que espera su golpe de suerte, ahora puede compararse con
el destino («hado») de los «pastores», cuyas «áureas sienes
béticas» están coronadas con el signo del amor victorioso:
«con el amoroso lauro». Aunque podemos apreciar en el
pensamiento del hablante un ascenso, o por lo menos un
cambio, es posible conectar el cambio producido por el amor
(y la desaparición de la figura del hada) con cierta concientización político-social de parte del pastor/hablante. Continúa, sin embargo, una jerarquización implícita en esta so-
ciedad/mundo donde el viento es capaz de brindarle al azar
el amor, mientras los «pastores béticos» son coronados por
el «hado».

LAS MUDANZAS: DEL HADA AL HADO

Se trata de una meditación y del cuestionamiento del
«azar» y del «hado», fuerzas contradictorias y superiores al
deseo individual —y por eso de alguna forma afines al reino
del Hada Cibernética— que jamás le han ayudado. El «azar»
y «el hado» se vinculan al hablante no sólo mediante el mecanismo del «microuniverso», sino que se remontan a los
quehaceres genético-religiosos de *Poemas* y *Dentro y Fuera*.
En «Del azar»y «Nunca seguro yo jamás...», aparecen de
nuevo varios de los mismos motivos de esta línea de interrogación, planteadas desde puntos de vista distintos, pero con
el conocido resultado:

DEL AZAR

Esquívanme ¿por qué? su secreto seno
las áureas aras del azar florido,
donde seguro estoy que me hallaría,
cual un ufano pez sobre las ondas;
mas ¿quizás será porque siempre yo,
del yermo gerifalte, sed poseo
de ocasiones fortuitas no finible,

que muy contadas veces cede el hado?,
¿o el rocío que súbito destila
el azar sobre el labio asaz hidrópico,
hórridos gorgoteos causar puédeme
en el ignoto garguero del alma,
rompiendo de las aras el silencio?
(PC, p. 60).

NUNCA SEGURO YO JAMÁS...

Nunca seguro yo jamás, ¿por qué?,
y diciéndome sólo,
contrastando mi corazón desierto
al del félice bético pastor,
¿qué dulce mano al fin deslazará
mi cautiva cerviz,
o a qué cardinal punto dirigir
el desconcierto de mi paso mísero?
Y dígome cuán infalible yo
en el seno sería de las aras
del Amor dulces o del Azar lúcidas,
porque por el jamás finible fuego
de mis entrañas hondas,
pintiparrado, de cuidado exento,
discurrido allí hubiera,
como pez en el agua;
mas cuánta veda de los hados cruda
hubo contra mí, aborrecido y mustio,
tal oscuro gusano,
que nunca en los mercados
discurrir puede de la seda acerbos.
(PC, p. 61).

En ambos poemas, el hablante se pregunta por qué no
ha recibido las galas de la fortuna, pero en cada texto su
imaginación proyecta, acaso afectada por el amor recién llegado, imágenes de su situación afortunada «en las aras del
azor florido» («Del azar») o «en el seno... de las aras, / del
Amor dulces o del Azar lúcidas» («Nunca seguro yo jamás»).

Se ve a sí mismo fácilmente accesible como «un ufano pez». Su perenne optimismo, aclarado en «Nunca seguro» en los versos «por el jamás finible fuego / de mis entrañas hondas», disgusta a los hados: «cuánta veda... cruda / hubo contra mí». La psicología supersticiosa del hombre inseguro entiende que su exagerado deseo humano estimula el desprecio de los hados caprichosos. De modo que en «Del azar», el hablante (como «gerifalte» del «yermo») confiesa que tiene sed «de ocasiones fortuitas no finible, / que muy contadas veces cede el hado». Entendemos que esta sed ha producido en la mente del sujeto la posibilidad del Hada Cibernética. No obstante, «Del azar» ofrece una visión irónica, inscrita en la mixtura de las metáforas; una ironía que radica en la inseguridad del sujeto con respecto a la realidad tornadiza. La imagen del «ufano pez sobre las ondas» contrasta con la metáfora «del yermo gerifalte, sed poseo» de varias maneras. En primer lugar, la complicidad psicológica del mismo hablante y su visión optimista y pesimista por turnos, salen al descubierto en el verso que introduce su confianza imaginada: «seguro estoy... / cual un ufano pez». En seguida invierte su seguridad, tal como si fuera la razón misma de su mala suerte como sugerimos, y se pregunta, «mas ¿quizás será porque... / ... sed poseo...?» En segundo término, y en este contexto, el «gerifalte» sería capaz de cazar al pez sobreseguro en las ondas. «Yermo» contradice la implicada plenitud de las aguas, pero aumenta el sentido transfigurado de que el ave de rapiña, por medio de otra metáfora, posea «sed» de «ocasiones fortuitas». El vocablo «fortuita» niega la claúsula «no finible», la cual, a su vez, se opone a la expresión «muy contadas veces» del octavo verso. Para extremar estas mutuas oposiciones, «hado» connota una fuerza del orbe «no finible». Tercero, la «sed» que posea el «gerifalte»/hablante para dichos valores paradójicos, en su base temporales, es inconsecuente en relación con la presa del «gerifalte», es decir con el hablante/«ufano pez» no sediento. En radical contradicción está la metáfora extendida de los últimos cinco versos. La necesidad de agua se torna en ahogar al sediento cuando el azar destila el «rocío» sobre su labio «asaz hidrópico» y por lo tanto completa la reiterada sumersión en la «buena fortuna». A la manera gongorina, estas acumuladas complicaciones cobran una belleza curiosa y estrambótica. El torrente de agua —valor positivo del «rocío» que aquí insinúa irónicamente la buena suerte— le causa «hórridos gorgoteos» (en sí un conjunto rítmico y ono-matopéyico de gran eficacia anti-poética) en la desconocida voz del alma y así rompe el silencio de las «aras».

A fin de cuentas, los «gongorismos» presentes sirven más para oscurecer que para asombrar. Los cultismos de Góngora, después de todo, son accesibles a la inteligencia dotada de una formación clásica-greco-latina-europea. En un sentido general, el arte de la presente composición comparte sus premisas con la tradición clásica e incluso con una profunda lectura de Góngora. En el nivel fónico, léxico y sintáctico, hay varios aspectos de interés. Por ejemplo, las aliteracio-nes sobre la «s» y las paranomasias «azar», «aras», junto con la armonía vocálica, cumplen con una imagen acuática de importancia central como acabamos de comprobar. Además, la cantidad de adjetivación, de epítetos, y los densos hipér-batos producen una textura rica de efectos poéticos, sino que también apoyan el mentado entrecruce del azar y del hado. La combinación «del yermo gerifalte, sed poseo» in-corpora en «el seno» del poema, como hemos hecho notar en varias ocasiones, la dualidad esencial belliana, motor de este texto. Aparte de eso, señalamos que estas entidades subrayan las postreras combinaciones fónico-léxicas, «hó-rridos gorgoteos»-«ignoto garguero», que efectivamente rom-pen el silbante «s» del silencio.

Pero en cuanto a la comparación gongorina, es importan-te hacer notar que el fundamento de estas alusiones, aun a través de su «clasicismo», descansa sobre una existencia vivida, o sea, sobre la transfigurada realidad limeña. Esta realidad se escribe indeleblemente en la confusión afiliada con una filosofía arcádica —del azar y del hado— por medio de la cual el hablante logra expresarse, en tanto que esta expresión irrumpe fónicamente del modo que indicamos en el poema «Expansión Sonora Biliar». No obstante este «expresionismo», la psicología que media entre «ufano pez» y «yermo gerifalte» divulga una autoconciencia sana, ilustrativa de los aspectos de la trayectoria de esta voz. Primero, arroja luz sobre una acertada intuición de Roland Barthes acerca de que el estilo no es más que una metáfora [14]. Brotherston, con respecto a otro poema, dice análogamente que hay un «tougher man underneath» este estilo (*Latin American Poetry*, p. 180); entendiendo por nuestra parte que aquí se hace referencia específica a la «persona» creada por Belli. Es evidente que el hombre subyacente no aporta sólo problemas individuales, sino que también introduce las problemáticas que acompañan a la filosofía y a cierta manera de ver el mundo con el que está en pugna este ser limeño moderno. Naturalmente que, como afirma Brotherston, la dicción tan controlada de este hablante llega a ser la metáfora de su existencia asfixiada (*ibíd.*, p. 178). En segundo término, el texto representa las dos razones según las cuales el hablante se pregunta por qué le es esquivo el azar. Aunque el último razonamiento es digno de su interrogación («Esquívanme ¿por qué?»), también sirve de respuesta difícil de aceptar: «el rocío... / hórridos gorgoteos causar puédeme». Es decir, que siendo «ufano pez» o «gerifalte», la mala o buena fortuna le caen encima como un mismo infortunio. En lo fundamental, afirmamos que enseguida veremos cierto alejamiento de parte del hablante —lo que será más tarde una desaparición, porque no hay lugar para él en el mundo donde nunca se está seguro.

La presencia en el poema «Nunca seguro» de motivos consabidos tales como el contraste, aquí entre el hablante y el «félice bético pastor», o la elegante y angustiada pregunta

---

[14] Roland Barthes, *Writing Degree Zero and Elements of Semiology* (Boston: Beacon Press, 1970), p. 12. La discusión que ocupa ésta y las siguientes páginas es sugestiva en cuanto al punto de Brotherston que sigue inmediatamente en nuestro texto y además para toda la cuestión de estilo e identidad poéticos.

«¿qué dulce mano al fin deslazará / mi cautiva cerviz...?»,
donde «cerviz» anuncia el signo de preferencia (p ej. en *El
pie sobre el cuello*) que alude a la explotación socio-económica, sirve de nexo entre textos anteriores y posteriores. El
móvil de «Nunca seguro» gira en torno a la imagen del pez
que ha «discurrido» en la corriente «de cuidado exento»
hasta ocupar el «seno» de las aras. En cambio, también está
el cuerpo represivo —la «veda de los hados cruda», la cual
incorpora además el sentido de la autoinvolucración anterior
del «pez» y «gerifalte»— que transforma al postrero dibujo
mental en «oscuro gusano». La mudanza del «pez» en «gusano», por intervención de los hados, igualmente depende
del verbo «discurrir». En la imagen, el «gusano» es destinado
a estar uncido a su producto natural —«seda» y, mutatis
mutandi, «trabajo»— y, por esa vía, a los mercados «acerbos». El traslado del adjetivo «acerbos» a la posición final
recalca la negatividad de las transformaciones y conduce al
lector al primer verso, «nunca seguro yo jamás, ¿por qué?»
De este modo, la combinación «seda»-«acerbos» reinscribe la
sinestesia atroz de la esclavitud, que por destino o superche-
ría transforma la vida.

El ejemplo de un individuo que nunca ha estado seguro
jamás agudiza un razonamiento ya hiperbólico. Este individuo que es abofeteado por los vientos del azar y por los
fallos del hado, que mira de reojo a su propia alegría y buenaventura y que atiende a las «consejas» y voces desconocidas, revela lo que J. Ortega ha llamado su «furiosa mansedumbre» (*Figuración*, p. 136). Se advierte aquí «un hábito
ruin» que casi llega a estropear la credulidad. Inserta en la
conciencia del lector ha de estar una doliente interrogación:
¿no tiene sentido propio este ser? ¿No tiene responsabilidad
social? Pues a la par de estos poemas están otros que remiten a breves insinuaciones que deben satisfacer la señalada falta de equilibrio que sigue en la huella del mencionado optimismo. Aun así, la validez poemática surge no sólo
de la eficacia de determinadas identidades metafóricas que
recalcan una visión esencialmente realista, sino que también

subrayan la irritante persistencia de estas metáforas que desembocan en otro nivel metafórico.

Estas intransigencias tienen su punto de contacto en Lima. «Yo pese al paso largo» retoma el juego de lo pequeño y lo grande, tocante a la condición infantil:

> Yo pese al paso largo de los años
> aún hállome en cuclillas,
> cual si fuera un flamante ser fetal,
> en tanto que en vosotros
> ¡qué de alturas, qué de pesos, qué de ocios!;
> mas os digo que cuando al fin no existan
> en los valles del orbe
> estos chiles, perúes o ecuadores,
> que miro y aborrezco,
> nadie habrá entonces en fetal postura
> sobre el ya liso suelo.

(HC, p. 45).

El infantilismo, transcrito en el gesto de hallarse en cuclillas «cual si fuera un flamante ser fetal» y que incorpora los términos físico y social al deterioro universal del «paso largo de los años», parece ser una contradicción. Comparándose con los amos, el ser fetal exclama «en vosotros / qué de alturas, qué de pesos, qué de ocios!» y su sarcasmo refleja no el brillo denotado en el vocablo «flamante» sino su lúcida indignación, «nueva y moderna», frente a esa injusticia que antecede a la muerte. Son reconocibles estos decires que recombinan elementos del desarrollo belliano desde su inicio. Los versos ya comentados se enajenan para formar parte de un entramado de objetividades, símbolos, emblemas, etc., y por lo tanto, aíslan y realzan el verso tripartito «qué de alturas, ...» El lector se fija en el nexo que hacen dichos versos con los de la segunda parte, que recuerdan la noción desengañada aportada en «Sin Productos Agrícolas», de *Poemas*:

SIN PRODUCTOS AGRÍCOLAS

No puedo creer hasta ahora,
¡Oh Gran Dios del Cielo!,
que después de tanto,
sea absoluta letra muerta
mi hermosa,
mi antigua ley de las compensaciones.
(**PC**, p. 25).

«Sin productos agrícolas», poema enigmático en el conjunto de los primeros textos bellianos, acaso ahora tenga más claridad. Esto es, dado que la recriminación dirigida al lejano «Gran Dios del Cielo», y motivada justamente por la falta de frutos aquí abajo, plantea una compensación tenue. Es decir, que todavía se alza en el alma del hablante —la repetición de «mi» en «Mi hermosa, mi antigua ley de las compensaciones» es clave —una creencia virtual en la compensación del más allá. Por lo menos en «¡Oh alimenticio bolo!» (ver pp. 25-26), un poema posterior al que estamos considerando aquí, el hablante enfrenta su mundovisión. La transformación del campo connotado en «Sin Productos Agrícolas» en el concretísimo bolo alimentico y en la manera perentoria de despachar, como si fuera una simple ocurrencia, todo el ámbito transcendente, se inscribe en la pregunta «¿quién os ha formado?», aludiendo, claro, al bolo alimenticio. La compensación pues no se refiere sino a un presente inmanente en aquella «tenue relación / entre la muerte y el huracán» que rellena el vacío divino con su «danza de la muerte», que nivela o mejor «alisa / el contenido de los cuerpos» y los lugares. Es importante anotar que otra variante de esta «compensación» ocurre en el poema acompañante «Si el bolo alimenticio» (**PC**, p. 49) cuyo tejido lingüístico «espacio interno»-«espacio cósmico», «bolo alimenticio»-«bola de fuego», redondea la unicidad de mundo/MUNDO; una evidencia de la correspondencia analógica, la cual tiene su eje en la pregunta «¿qué bolo alimenticio / horadará mi vientre, / o cuál bola letal / desprenderá sus brasas / y asolará mi nave?» Esta es la fórmula, recordamos (p. 21), con la que Paz determina la naturaleza de la poesía moderna.

Lo dicho sirve para explicar el tono de oposición y de desengaño de la segunda parte de «Yo pese al paso largo», en la que el hablante les avisa a los ociosos, de modo apocalíptico, «que cuando al fin no existan / ... / estos chiles, perúes o ecuadores / ... /, nadie habrá entonces en fetal postura / sobre el ya liso suelo». El último verso recuerda la «compensación» de la muerte y el huracán que vimos más arriba. El hablante que mira y aborrece las nombradas entidades políticas obtiene alguna compensación por la humillación de hallarse todavía «en cuclillas», gracias justamente a «estos chiles...» El referirse a ellos en minúscula y en plural acentúa el tratamiento despectivo. Por extensión, la terminante «compensación» advierte, según versa el imaginado apocalipsis, que «nadie habrá entonces en fetal postura». La ironía mordaz del hablante insinúa que si todos estuvieran en posición cadavérica «sobre el ya liso suelo», sería más justo que la condición «fetal» de algunos en el presente. Sin embargo, estas consideraciones intentan evitar la cuestión de la responsabilidad individual.

Ya hemos observado, en conexión con «¡Abajo el secreto régimen municipal!», una actitud similar a la del revolucionario de salón. Desde luego que entre la praxis artística y la praxis revolucionaria puede siempre esperarse una discusión de índole estrechamente pragmática, donde seguramente se consideraría la cuestión del poeta comprometido. Quizás esto ilumine el tono rencoroso con que el poeta y crítico Antonio Cisneros ataca al «individualismo» belliano. La poesía de Belli, como texto histórico, exhibe una sinceridad y una ética de indudable autenticidad en lo que respecta a la poesía como tal, y por lo que hay en sus textos de una indagación de la moderna oposición: poética/política.

Parafraseando a Cisneros y rectificando sus comentarios para que se apliquen a la voz belliana y no a la persona empírica de Belli, esa voz representa a un ser determinado, visible en la indudable presencia de los hados y dioses. Como Baudelaire —observa Cisneros— Belli se pone en una situación límite para obviar la responsabilidad de una elección: «Magnificando su mal individual, lo justifica como plena explicación de un universo donde la constante es el enrarecimiento conceptual. Tenemos que aceptar sus premisas —de situación extrema— para comprender la dimensión de ese dolor. El suyo» (p. 91). Acierta Cisneros, en nuestra opinión, si la situación extrema a la que hace referencia es la imaginada Lima arcádica y horrible. Entonces, es lícito contemplarla sin que sobre el hacedor empírico e histórico caigan acusaciones de rango político. Sin duda hay una dimensión política tocante a estas consideraciones, pero sugerimos que se hacen sentir más bien a la manera planteada por Vallejo. Según Jean Franco, Vallejo dijo que cualquier dogma político es un cliché en comparación con la creación poética: «The artist is not concerned with the immediate response to a particular issue, but creates 'political concerns or nebulae' and these are 'vaster than any dogma and purer than any given set of concerns of ideals, whether national or universal'» (*Vallejo*, p. 145). Las «political concerns or nebulae» que crea Belli se relacionan con la idealidad extremada del mito limeño y tienen que ver con esa «premisa para eliminar la responsabilidad de una elección» (Cisneros), la cual ha sido objeto de mención ya en cuanto a varios poemas, por ejemplo, en «Yo pese al paso largo».

Un componente de esta «premisa» se da en un poema conocido fuera de una órbita estrechamente lírica, o sea en la poética expuesta por *La ciudad y los perros* de Mario Vargas Llosa, una de las novelas fundacionales de la llamada escuela de «Lima la horrible». Figuran como epígrafe del «Epílogo» de la novela los versos de Belli «pues en cada linaje / el deterioro ejerce su dominio» del poema «¡Cuánta existencia menos...!»:

¡CUÁNTA EXISTENCIA MENOS...!

¡Cuánta existencia menos cada vez,
tanto en la alondra, en el risco o en la ova,
cual en mi ojo, en mi vientre o en mis pies!,
pues en cada linaje
el deterioro ejerce su dominio
por culpa de la propiedad privada,
que miro y aborrezco;
más ¿por qué decidido yo no busco
de la alondra la dulce compañía,
y juntamente con las verdes ovas
y el solitario risco,
unirnos todos contra quien nos daña,
al fin en un linaje solamente?

(HC, p. 46).

El poema es la meditación sobre un problema individualista/social vislumbrado en el tema del deterioro que afecta por igual a los linajes humanos y a los no humanos. La unicidad humano-no humano reforzada por la fórmula sintática «tanto en la alondra, en el risco o en la ova, / cual en mi ojo, en mi vientre o en mis pies» parece desmentirse con el persistente signo individualista «mi». Lo curioso de la contradicción, claro está, radica en el paralelismo culto y cabal de las dos series de objetividades, que, repetimos, pertenecen a linajes distintos pero afectados por igual. Se ligan entonces en una agrupación de seres naturales. Sin embargo, al considerar que las partes individuales del cuerpo humano («ojo», «vientre», «pies») son independientes, como linajes separados («alondra», «ova»), aumenta la ya implícita identificación causada por el deterioro.

De hecho es plausible esta desarticulación humana, puesto que varios ejemplos, como «a mis miles de añicos añudado» del poema «En esta playa sin arena», concuerdan con un sentido general, deshumanizado, común en la obra de Belli. Pero de nuevo llama la atención la insistente repetición del adjetivo «mi», la cual restablece el foco humano que indica la sensibilidad dispersa y confundida y a la vez una pretensión de conservar algún sentido humano. De la suma de estas potencias depende el verso que sorpresivamente completa el sentido del texto: «pues en cada linaje / el deterioro ejerce su dominio», y ejerce su dominio: «por la culpa de la propiedad privada». Este verso transforma radicalmente la presumida mecánica que hay detrás del vocablo «deterioro». A pesar de la evidencia ya esclarecida de las complicaciones individuales/sociales abordadas en los primeros versos del poema, el sistema «privativo» que hay detrás del «deterioro» se opone a una noción comunitaria, la mencionada unicidad humano-no humano. Aún más, mediante el formulario «miro y aborrezco» se identifica como objeto de su desprecio «la propiedad privada», vinculada con «estos chiles, perúes o ecuadores». Esta reacción —cliché del «humanismo» fácilmente asociado con el marxismo— remite a los postulados iniciales del poema y rompe de nuevo el sistema de pensamiento convencional con la pregunta ¿por qué decididos no nos unimos todos en solidaridad natural «contra quien nos daña, / al fin en un linaje solamente?»

El enmarcado cuestionamiento provoca una interrogante similar imposible de desentrañar. ¿Por qué razón no responde el hablante a su propia toma de conciencia? Está claro que la ruptura de sistema podría despistar al lector, cuya expectativa se conformaba con cierta convención moderna de la temática del realismo social, o simplemente podría parecerle trivial o humorístico. Pero junto al humor perceptible en estos versos, hay también seriedad, justamente por su anticonvencionalismo. Tengamos presente que el «futurista» Riva Agüero había declarado que el único nativismo peruano posible era la descripción paisajista, la cual, dada su tácita asociación con la mentalidad evocadora de la Lima Arcádica, tendría que ser producto de una óptica distorsionada. Es curioso que en todos los textos de Belli que hemos examinado aparezca nada más que un paisaje esquelético: idealizada naturaleza bucólica degenerada. Es lícito pensar que el repetido deseo de aniquilarse del hablante se debe a un sentido existencialista que recae sobre una vida agobiante. Pero es igualmente posible, dadas las repetidas muestras, que dicha aniquilación sea también un prurito de unión con la naturaleza a la manera romántica. Con respecto a «¡Cuánta existencia menos...!», se sugiere, a la luz de su anticonvencionalismo, que el mencionado liberalismo tiene tanto que ver con un pensamiento marxista, apuntado más bien al humanismo utópico que deriva en parte del sistema comunitario incaico, y en parte de la idea del Edén perdido.

Sin duda alguna, el individualismo de este sujeto solitario y explotado por un sistema no igualitario, se halla en el centro de la cuestión de la responsabilidad individual y social. De vez en cuando en estos textos, que desde ya exhiben peculiaridades formales, por ejemplo, en las silvas, compuestas de números variables de versos y de un solo período, a veces dividido en dos mitades por el punto y coma, se da cuenta de una persistente contradicción formal, o sea, el individualismo del hablante y lo intrínseco de su hablar. De igual manera, la estructura retórica, que por regla general ofrece algún aspecto que aplasta al hablante, es seguida por una conclusión ampliamente confusa. Y según los altibajos de la individualidad humana, y aun habitando su universo de destacada reducción, una que otra vez sufre el yo un ataque de nihilismo. Algunos han comentado este aspecto de la poesía de Belli, pero la apreciación de un grado uniforme de nihilismo atribuido a la presente visión poética encubre por lo menos una resistencia profundamente humana, no nihilista [15]. Pero en «Yo en nada ya me fío» incluso esa resistente oposición se da por vencida. Al hablante se le ocurre apelar al orbe mismo: «abridme / vuestra farma-

---

[15] Lasarte, p. 317; Cisneros, p. 91. En cambio, Brotherston, pp. 180-81 y Ortega, *Figuración*, p. 136 apoyan un punto similar al mío con respecto al nihilismo.

cia entonces, / para que entre la niebla pueda alzar / algún
trocisco yo / que me libere...» (HC, p. 52). El «trocisco»
ha aparecido en varios poemas, tales como «En tanto que
en su hórrido mortero» y «De los crudos negocios...», y lo
que interesa de ellos en este contexto es el hecho de que
allá el hablante/«trocisco» es producto del «deterioro de
cada linaje» expresado por Góngora en la magistral conca-
tenación: «las horas que limando están los dís, / los días
que royendo están los años» del soneto «De la brevedad en-
gañosa de la vida» (Rivers, p. 158). Se complica la cuestión
de la responsabilidad individual porque el universo belliano
es cerrado y hay en él una vinculación entre «orbe» y «bolo
alimenticio» y por extensión «trocisco» (que viene de «vuestra farmacia», aludiendo al orbe). Esta cadena vital, que
ahora incluye, gracias al hipérbaton, «algún trocisco yo»
sirve para liberarlo de «mil miedos» que «no sólo del agua
me distancia, / sino del aire y del fuego y de todo». Los elementos señalados son los componentes (salvo el terrenal
que debe incluirse en el global «y de todo») del universo
poético y mitológico que nutre la visión pre-moderna. Más
importante aún, el conjunto de estas consideraciones denota
una tendencia solipcista que le separa del «mágico estambre
de la vida». Se sospecha que debajo de la «escafandra de
mil miedos» hay un individuo que apenas se ha percatado
de que su temor y falta de fe se deben a una manera de ser
y a una personalidad propias. Pero esta idea introduce a su
vez una problemática que se funda en la génesis y el medio
ambiente, y que se emparenta directamente con la responsabilidad y culpa humanas. No cabe duda de que el hablante
identifica metafóricamente (a través de la «escafandra») al
miedo proveniente de un aparato artificial, o sea de un ambiente ajeno, el cual, sin embargo, le «protege» del agua,
mientras el mismo ambiente artificial le viene hasta «al ras
del cráneo mío mal mi grado». Acude a la memoria, a propósito de estas observaciones, el poema «Ha llegado el domingo», donde el hablante se desenfunda de su piel para encontrar, debajo del traje de obrero, los restos de una ilusoria e

idealizada tranquilidad. Notamos en el poema «Yo en nada ya me fío» no sólo que el aparato/miedo interviene entre el sujeto y la naturaleza asociada con dicha tranquilidad, sino que, debido a su artificio, el metafórico aparato encubre la raíz de la responsabilidad. Por supuesto que en cuanto a los contextos del mundo representado hay suficiente razón para echar la culpa a los amos, al medio ambiente ajeno.

Con un mismo tono de rebatida fe, el hablante, exasperado secuaz del Hada Cibernética, expresa en «Por igual todos» lo que probablemente es su confesión más desnuda de fe humanitaria. La evocación compleja, tanto como el preámbulo explicativo de ella (versos 2 y 3), sirven para enmarcar la petición misma: «si mi oscura cerviz... / ... / algún día liberarás al fin», la cual tendrá el efecto de permitir que «buscar podamos todos / ... / el perenne amoroso encendimiento»:

POR IGUAL TODOS

¡Oh dulcísima, si bien aún ignota
cibernética diosa!,
preguntarte oso otra vez
casi ya sin aliento,
si mi oscura cerviz cuán enlazada
al sauce endemoniado, de ocio ausente,
y la del mauritano pastor mustio,
desde inmemorial año
a crudos cepos añudada siempre,
algún día liberarás al fin
para que juntamente
con el felice bético pastor,
buscar podamos todos,
no en ensueños ya, sino del azar
en el florido fuero,
el perenne amoroso encendimiento.
(PC, p. 64).

El deseo de que todos por igual puedan buscar el amor, no es simplemente una esperanza para la humanidad, sino que

tiene implicaciones profundas para una sociedad no igualitaria, no fundada ni en la libertad ni en el amor. Evidentemente, el acto liberador posibilitado por la intervención
del Hada Cibernética (y por nadie más) se destina a transformar esta idealización en realidad (aun reconocida por el
hablante como perteneciente al ensueño, como se ve en el
verso 14). Pero esta realidad no se rige por el destino cósmico, sino por el azar, el cual es siempre moderno. El azar
entre estos deseos y sus concomitantes transformaciones
confunde y complica esta cuestión, porque rompe con un
sistema de expectativas; a saber, la idealizada intervención
del Hada concuerda con el ideal ingenuo de que todos puedan buscar el amor. Igualmente, el rastreo «en ensueños»
configura un espacio imaginario, ideal; por ejemplo, el de
todas las peticiones previas. Pero en la mayoría de los textos
referentes a dichos ensueños —específicamente los que ape-
lan al Hada— no se dibujan los contornos de un lugar ideal
diferente del que le rodeaba, sino que se advierte la transformación del espacio agobiante que venía ocupando. La
única región idealizada es la que habita el Hada, y tanto la
figura como la región son inmanentes en esa realidad actual
(y no en el futuro). Se reconoce que ya rige en ese reino una
jerarquía de fuerzas cosmológicas donde el Hada, de acuerdo
con sus poderes, es una diosa menor. Ella es capaz de soltar
los huesos de la mano, de liberarlo del oficio, pero no tiene
fuerzas para traerle una «ninfa» del sur. En otras palabras,
ella dispone de las potencias que conservamos de la noción
paradigmática de los cuentos de hadas. Incluso observamos
que las apelaciones al Hada disminuyen mientras aumentan
las evocaciones a los otros seres potenciados: el «austro»
que trajo la ninfa, el «orbe» que lo libera con sus productos
farmacéuticos. En todo hay una semejanza con una cosmología pasadista; pero ella descansa en una jerarquía de valores vigentes todavía.

Alrededor del concepto «azar» y la figura del Hada Cibernética, subsiste una esperanzada posibilidad de alivio,
de liberación, si bien no de escape. En claro contraste, está

el «hado», destinatario del poema «¡Oh hado!...» donde se vislumbra un más allá que no convalida como el azar la oportunidad presente. De hecho, la finalidad concreta del hado aumenta la necesidad del azar, porque el hablante le confiesa que en efecto no quiere «la dulzura de tu reino ignoto», «pues quien jamás el ocio ha conocido, / cuán agrio es aun más allá de la muerte» (PC, p. 57). Este modo de rechazar al hado, que a lo largo de los poemas que componen esta etapa remplaza a la figura del Hada Cibernética (no en forma sistemática), indica un cambio de valores en la percepción del hablante.

Este cambio es el que presenta «Por igual todos», mediante el fugaz resplandor que alumbra en el último verso: «perenne amoroso encendimiento», el cual rompe un sistema insubstancial evidenciado en el vocablo «ensueños». Hay que admitir, sin embargo, que el deseo igualitario aportado en el poema, sencillamente se traslada de un campo de referencia insubstancial («ensueño») a otro, «azar», que aunque igualmente abstracto, designa la fuerza desconocida que controla las vicisitudes de la realidad. Pero aun así, «azar» puede equivaler a «realidad» y lo que se esperaba del idealismo «perenne» era algo así como convocar la *substancia* material del amor. Así que el cambio de valores que no potencia deseos fantasiosos parece ser incluso plausible. Por lo tanto desvirtualiza esta llamativa ruptura de sistema y remite al cuerpo de la petición, o sea a la liberación de los «crudos cepos», la cual posibilita la búsqueda de amor. Este es precisamente el orden o jerarquía de valores que domina la situación clave del pastor/poeta que hemos visto. El lector recordará que la falta de ocio no permite que el «pastor» busque el amor, a pesar de que el hablante se obstine en lamentarse de la injusticia del amor ausente. Es decir, el pastor/poeta se queja de la situación en que se halla de no poder buscar el amor en el prometido «florido fuero», donde ya lo hace «el felice bético pastor». En el contexto sugerido, el verso «no en ensueños ya, sino del azar / en el florido fuero», contando con lo ya dicho, cobra todavía otro sentido. Como sabemos, «florido fuero» se refiere igualmente a la Arcadia literaria (soñada) o la Arcadia Colonial, fundada al azar y objeto de continua evocación. El pastor, simplemente, pide que le repartan el ocio, para buscar el amor en la presente Lima, repleta de una promesa arcádica clara e injustamente destinada a otros.

La prohibición o previsión —«no folgarás con Filis en el prado»— propiciada por el «hórrido oficio humano» permite señalar otra jerarquía, la que es contrapartida de la jerarquía cosmológica que hemos mencionado al pasar. Esta jerarquía terrenal, visible en «Por igual todos», no es nueva, pero ahora identifica a razas históricamente explotadas; arriba, en posición privilegiada está el «felice bético pastor»; abajo, los esclavizados «mauritano pastor mustio» y el hablante/pastor con su «oscura cerviz». La identificación entre los dos pastores oscuros comprende una temporada de dominación que viene «desde inmemorial año» hasta hoy. Esa proyección hacia el pasado histórico de la dominación imperial de la región norteña de África (Mauritania) por Roma, que atañe indirectamente al problema de los moros en España, establece un paralelismo estrecho entre la situación del pastor «limeño» y el «mauritano». Dicha noción se apoya no sólo en la similitud histórica sino en el hecho de que tanto la piel oscura del hablante como la del pastor «mauritano», apuntan a culturas autóctonas. No obstante el paralelo histórico, lo notable es la manera en que la Lima Arcádica autojustifica la explotación del obrero «oscuro»: «Muy ilustrativo es —observa Salazar Bondy— lo que aconteció con la leyenda de Santiago Apóstol: los moros, en la pintura, fueron reemplazados por indios» (*Lima*, p. 89).

Por estas razones, pues, se entiende la construcción del marco mismo de dichos deseos y la amortiguada petición de los versos tres y cuatro: «preguntarte oso otra vez / casi ya sin aliento», destinados a la región que habita el Hada Cibernética. Emparentado, entonces, está la confesión de muerte a que alude el poema, lo cual es suficiente para aclarar de una vez por todas su esperanzado deseo de libertad igualitaria. Condición que apunta, por lo demás, a la muerte de cierta ilusión mantenida gracias al Hada Cibernética, cuya presencia disminuye, como hemos mencionado ya. Habría que agregar que este «fallecimiento» de la doncella milagrosa pertenece también al sujeto que habla, puesto que representa la muerte de un aspecto de su psicología. Por otra parte, la situación extrema mostrada por este texto sirve para resumir —a la manera programática de «En Bética no bella»— varias de las preocupaciones que hemos venido examinando: el motivo pastoril, la fuerza del azar y del hado, la falta de ocio y de amor, la explotación humana, la segregación racial, la fundación mítica de Lima y la invocación al Hada Cibernética. No queremos sugerir que en «Por igual todos» culmine esta etapa poética; sólo anotamos que dichas preocupaciones continúan a través de toda la trayectoria belliana, y señalamos a la imagen del «cepo» como indicación de la postrera transfiguración de las mismas. Sin embargo, en «Por igual todos» ocurre un cambio notable, ya insinuado en la discusión de los consabidos vocablos «ensueño» y «azar».

El hecho de que este llamado sea una consciente repetición («otra vez» le pregunta al Hada Cibernética) da motivo a la horrible persistencia de la condición esclava del hablante. En consecuencia se emplea el verso «oso» que permite concebir el riesgo de preguntar otra vez estando «casi ya sin aliento», a la vez que manifiesta algún temor de que sus múltiples peticiones afecten negativamente la intervención del Hada, o simplemente que las peticiones le hayan disgustado y por eso no actuara a su favor. Pero lo interesante en cuanto a esto es la yuxtaposición de «oso» y «otra vez» con los primeros dos versos, es decir, el cuerpo de su invocación. Desde luego que el hablante no ha podido menos que pedir repetidas veces la ayuda del Hada. Por eso es difícil creer que sus peticiones revelen el desnudo temor de que ella no acuda en su defensa, porque jamás lo ha hecho. De modo que este ejemplo, como los otros que hemos visto frecuentemente en los poemas bellianos, pone de relieve una

posibilidad de esperanza («otra vez») para troncharla con
otra voz destacada («oso») que desmienta dentro del mismo
sistema dicha salida esperanzada. El efecto generalizado, como es obvio en este ejemplo, confiere un valor sarcástico
al conjunto. Aquí el verbo «oso» marca una forma de hablar
respetuosa, portadora de la dignidad que requiere el destinatario. Justamente por esto el acto de hablar respetuosa-
mente es capaz de señalar, en forma sarcástica, una falta de
respeto. La evocación del Hada, teniendo en cuenta la cualidad asfixiada del texto, es la más barroca y ambigua de
todas. Se extrema el posible sarcasmo con el apóstrofe «¡Oh
dulcísima!», el cual parece contradecirse en la aclaración
«si bien aún ignota». Con tal de que el hablante esté «casi
ya sin aliento», es difícil pensar que la diosa es «dulcísima»
porque es todavía misteriosa y desconocida. Lo más probable es que el adjetivo superlativo se destine a estimular la
piedad del Hada por el pobre, porque ya es tiempo («desde
inmemorial año») de que reciba libertad. Pero a la luz de
las mutuas negaciones (evocadas y destruidas), el poeta
demuestra el vacilante reconocimiento de que la diosa podría no llegar. Por el momento, y en vista del doble valor
inscrito en esta evocación que enmarca el texto *per se*, afirmamos que la ambigüedad abre paso, si bien no a un sarcasmo subyacente, por lo menos a un cuestionamiento y
confusión con respecto a la ilusoria figura del Hada. Se reconoce, por lo tanto, que el procedimiento de la mutua negación, emparentada con los numerosos ejemplos idealizantes que hemo visto en la fundación mítica de Lima, caracteriza a todo el proyecto belliano hasta este punto. Han
acertado críticos como Francisco Lasarte al anotar que las
mutuas negaciones son signos de modernidad en la poesía
de Belli (*Pastoral*, p. 305). Pero es de recordar que esas
mutuas negaciones —signos de modernidad— también en-
gendraron en la figura del Hada el símbolo de una esperanza. La figura del Hada Cibernética representa la ilusoria
esperanza que podría brotar de la conjugación del pasado
con el futuro para crear un alivio en el presente. Estos

comentarios dejan en claro que en «Por igual todos» se participa de una indicación inicial de fallecimiento del Hada/ esperanza, y del tipo de consuelo que ella es capaz de proveer. No es de olvidar, como hemos indicado, que el hablante, por acción del «austro», ya ha recibido «una ninfa en volandas y ventura». Tengamos presente, además, que todavía continúa intacta la ilusión arcádica y las idealizaciones acompañantes, pero se advierte que el mentado cambio es un augurio de lo que vendrá, como por ejemplo en *El pie sobre el cuello* y *Por el monte abajo*. En los textos que componen este «descenso en el mismo infierno» [16], observamos que se hacen referencias a la modernizada Lima arcádica.

La transición del reino del Hada Cibernética al reino del Hado y otros dioses y fuerzas míticas, en realidad no es indicada formalmente, aunque sí se nota cierto ensanchamiento de la dimensión metafórica mítica en particular en *Por el monte abajo*. El Hada reaparece sólo una vez más, e indirectamente, en el poema que alude al «Robot Sublunar» (HC, pp. 84-5), especie de epígono suyo. Por otra parte, está claro que el hado *et al* han jugado ya un papel en *¡Oh Hada Cibernética!* Dicha transición tiene que ver con una mudanza en el espíritu de esta poesía y de su hablante, que va descubriendo el desengaño del pastor/poeta con respecto a los poderes aliviadores del Hada Cibernética.

Algo de esta desilusión se hace sentir en el poema «A mi hermano Alfonso», título que sirve de epígrafe, además, a *El pie sobre el cuello*. La imagen así proyectada del avasallamiento absoluto depende de lo ya establecido, pero se transmite a los textos que componen aquel libro, logrando así un alcance más universalizado:

---

[16] José Miguel Oviedo, «Belli: otra inmersión en el mismo infierno», *El Comercio*, 24 mayo, 1964, p. 22.

A MI HERMANO ALFONSO

Pues tanto el leño cuanto el crudo hierro
del cepo que severo te avasalla,
unidos cual un órgano se encuentran
desde el cuello hasta las plantas,
no sólo a flor de cuero,
mas si en el lecho de tu propio tuétano,
que te dejan cual ostra
a la faz del orbe así arraigado;
y el leve vuelo en fin
que en el cerúleo claustro siempre ejerce
el ave más que el austro desalado,
¿cuándo a ti llegará?,
mientras abajo tú en un aprisco solo
no mueves hueso alguno
ni agitas ya la lengua
para llamar al aire;
pues en el orbe todo viene y va
al soplo de la vida,
que pródigo se torna
para muchos y a no más otros pocos
áspero, vano o nada para siempre.

(PC, p. 76).

La metáfora extendida del «cepo» (los primeros ocho versos) unifica naturalmente («cual un órgano») el avasallamiento físico de Alfonso y la limitación espiritual vislumbrada en textos ya conocidos. El sentido plenamente simbólico del «cepo» a nivel de objetividades abarca y ordena estrechamente los valores, incluso formales, que pertenecen a niveles léxico-fónicos, y significativos. Por lo tanto, la imagen del «cepo» tanto como la del «pie sobre el cuello» producen una simbología que aporta significaciones intrínsecas y a la vez condensa el cuerpo de alusiones a la limitación humana. Desde luego que ésta es también la función simbólica del libro *El pie sobre el cuello* entre los poemarios enlazados de la obra belliana.

«A mi hermano Alfonso» remite a «Variaciones» y naturalmente prorroga una comparación. Puesto que Alfonso, desafortunadamente, todavía no mueve «hueso alguno» ni agita «ya la lengua para llamar al aire», y dado que el mundo, efectivamente, no ha cambiado, lo más notable de la comparación es la transformación que ha experimentado el invocador: el hermano/poeta. Pues bien, éste aún se dirige al hermano Alfonso como en aquel poema, e insiste en hacer la pregunta retórica: ¿«cuándo a ti llegará» algún alivio merecido? Y aunque es cierto que el «ave» reemplaza al aire («austro desalado»), como en el poema anterior ninguno lo ayuda. Se evidencia que el «austro» —funcionario del azar— ha aportado ya «las más varias cosas» y aunque ambos, «aire» y «austro», ocupan el «cerúleo claustro» de un «orbe» percibido nuevamente, Alfonso permanece «...cual ostra». Tanto la metáfora compuesta de «leño» y «hierro» del cepo, como el «avasallamiento», el «cerúleo claustro» del orbe, el «austro desalado», el «aprisco» y la fórmula gongorina del final, indican un término tradicionalista en la mutua negación moderna y también aluden a un espacio arcádico ya configurado mediante sus premisas, pero donde Alfonso queda «a la faz del orbe así arraigado».

Exactamente en el sentido aforístico de que «todo viene y va / al soplo de la vida», el poema registra las variaciones que *no* se destinan a Alfonso, pero sí afectan la visión del mundo de su protector. La novedad que acompaña esta óptica, producto de todo lo anterior, es en parte la que describió Schopf como el novedoso retroceso «de llegar vestido con golilla antigua o con pieles y laurel de la Arcadia renacentista, que pronto se disipa» [17]. Pero la verdad es que no se disipa la imagen proyectada mediante un lenguaje manoseado porque está fundada doble y sólidamente en la visión penetrante de Lima, con su correspondiente y necesario desengaño humano —aquí en relación con Alfonso—,

---

[17] Federico Schopf, Res. de *¡Oh Hada Cibernética!*, AUCh, 132 (oct.-dic., 1964), p. 229.

y el desengaño poético general con la poesía hispanoamericana moderna.

Paralelo al cambio del hablante de estos textos es razonable buscar algún cambio en el papel del lector implícito,
lector que, como se sabe, es tan ficticio como la imagen proyectada y como el hablante. Block dice en su ensayo «Lyric
Voice and Reader Response», que uno de los cambios que
ha dictado la poesía moderna es la activa colaboración del
lector en la percepción poética, como el caso en que la voz
lírica se distorsiona o se disfraza en forma no reconocible
desde la perspectiva representacional convencionalizada (p.
154). Según estas formulaciones, la lectura de la poesía moderna se obstina en que el lector sea cómplice de quien o de
lo que habla, de dónde habla éste, de sobre qué habla, y a
quién o a qué se dirige, o simplemente que acepte la indeterminación de toda la situación, juzgada como objeto de una
inecesaria aclaración previa, representacional de la primera
voz lírica, la cual estropearía su potencia lírica. Al comparar
los dos textos que mencionamos en relación con Alfonso, es
de notar que estas consideraciones sólo colaboran en la lectura de uno de ellos. Afirmamos con respecto a «Variaciones» que el papel del lector parece obligarle a una participa-
cvión activa, dada la ambigüedad de la recuperación deseada
para Alfonso; de ahí la continua apertura hacia una rectifica-
ción física llevada a cabo lingüística y mágicamente.

Una pérdida de fe es comprobable comparando en los
dos poemas dirigidos a Alfonso el papel que desempeña el
lector. La estructura paratáctica y la ambigüedad de «Variaciones» piden que el lector supla las vinculaciones que
aporta la infraestructura poemática, es decir, que recalca la
relación entre hablante y oyente (hermano a hermano). Esta,
gracias a su dinamismo, que se proyecta hacia fuerzas desconocidas y futuras, queda suspendida en las posibles interpretaciones de los fonemas finales. La indeterminación —o
apertura— requiere la activa participación del lector, no sólo
para interpretar el poema, sino para dar forma propia a
los fonemas. Y cualquiera que sea la interpretación que dé

a «Variaciones», el lector está envuelto en el experimento poético. De esta manera, el lector implícito se incrusta en los versos y no puede menos que, mediante el texto, intentar resolver favorablemente para Alfonso la oposición vida/arte. Una de las oposiciones afines —según Paz— es la de amor/ humor y aquí llega al funcionamiento «metairónico» y simbólico: «amor/umor/hamor» [18]; lo cual lleva a la suspensión del juicio, y lleva a que entendamos ahora que las múltiples dimensiones bellianas no producen «...un nihilismo, sino una desorientación» (Paz, *Hijos*, p. 158). Entre los experimentos con la oposición de arte/vida es palmario que no hay solución: «la literatura es la exaltación del lenguaje hasta su anulación» *(ibíd.).* Continúa Paz:

> «Góngora, desengañado de la historia, cambia la poesía *por- que* no puede cambiar la vida; Rimbaud quiere cambiar a la poesía *para* cambiar la vida. Casi siempre se olvida que el poe- ma que consuma la revolución estética de Góngora, *Soledades,* contiene una diatriba contra el comercio, la industria y, sobre todo, contra la gran hazaña histórica de España: el descubri- miento y la conquista de América. La poesía de Rimbaud, por el contrario, tiende a desembocar en el acto... La poesía es el puente entre el pensamiento utópico y la realidad, el momen- to de encarnación de la idea. (Paz, p. 156.)

De este lado del Atlántico, la poesía de Belli reformula a su manera el mismo proyecto de Góngora y Rimbaud. Pero al llegar a la altura de «A mi hermano Alfonso» el lector ha cambiado tanto como el texto. En este ejemplo, la apertura de «Variaciones» ha desaparecido; una estructura hipotác- tica en «A mi hermano Alfonso» se somete al formalismo del período tripartito donde la primera y última sección comienzan con el resignado «pues». La condensación de los

---

[18] «La ironía consiste en desvalorizar al objeto; la metaironía no se interesa en el valor de los objetos, sino en su funcionamien- to. Ese funcionamiento es simbólico: amor/umor/hamor... La me- tacronía nos revela la interdependencia entre lo que llamamos 'superior' y lo que llamamos 'inferior' y nos obliga a suspender el juicio. No es una inversión de valores, sino una liberación moral y estética que pone en comunicación los opuestos» (Paz, *Hijos,* p. 155).

mismos motivos de «Variaciones» es notable en «A mi hermano Alfonso; por ejemplo, el fluir del verso es entrecortado sólo una vez por la pausada pregunta: «el leve vuelo en fin... / ¿cuándo a ti llegará?» El dinamismo de «Variaciones» aquí se hace rígido y aleja al lector, dejándole meramente contemplar como «todo viene y va / al soplo de la vida, / que pródigo se torna / para muchos y a no más otros pocos / áspero, vano o nada para siempre». La única apertura que hay en el poema es aquella que obra las ya consabidas alusiones a la invalidez del hermano, porque la lectura se desdobla en la trayectora de esta poesía. Así también las alusiones al mundo arcádico limeño que por lo tanto forman un patrón ya reconocido —condensado— de aquel experimento que juntaba en la base un deseo para la justicia (Alfonso y el Hada Cibernética) de la visión confesional-simbólica. Dado que una lectura completa de «A mi hermano Alfonso» tiende a confabularse con ese subtexto codificado (del «microuniverso») que remonta a «Variaciones», es necesario considerar el abandono de la fe en todo lo que representa el Hada. El desengaño universalizado se expresa en los últimos versos de «A mi hermano Alfonso», y a su vez éstos reflejan el mundo duplo de Lima arcádica y horrible, desprovista del Hada y también de una esperanza para Alfonso.

Al remitirse el hablante al desengaño, se crea la desnuda sensación de que existen en un cosmos habitado, poderes o fuerzas que no están a la disposición personal de *algunas* humanos, como creía este hablante. Ahora no sólo es Alfonso quien sufre la postrera degradación física, sino que el hermano confiesa que él, como otros fetos, «con su innato poder te avasallaban». Ahora se cumple la verdad de su identificación anímica anterior con los «tuertos», visto en «A la zaga»:

> ....
> *mas pasando los años me he quedado*
> *a la zaga, ¡oh hermano!, y ya a tu par,*
> *codo a codo, pie a pie, seso a seso,*

> *hoy me avasallan todos y amos tengo*
> *mayores, coetáneos y menores,*
> *y hasta los nuevos fetos por llegar*
> *a esta boca de lobo niquelada.*
> (PC, p. 79).

Con el pasar de los años y la extensión temporal —conciencia del pasado y del futuro, «hasta los nuevos fetos por llegar»— el mundo del hablante se ha transformado en «esta boca de lobo niquelada». El lobo echa su sombra mítica por sobre el yo lírico y lo disminuye a la par —«codo con codo»— con Alfonso. Dentro, pues, de esta prolongación temporal se llega hasta la arquetípica fundación de Roma, en las figuras de Rómulo y Remo, la cual recuerda la declaración de Salazar Bondy sobre la fundación mítica de Lima: «la loba que amamantó a los fundadores» (*Lima*, p. 36).

En consecuencia, una sensación de mal agobia al hablante, que ahora juega el papel de paterfamilias-fundador, y confiesa la propagación del fraude:

POEMA

> *El fraude por mí cuánto propagado*
> *en el amor mal cuerdo embebecido,*
> *que me donaron apiadables hados*
> *a que al viviente al fin me semejara,*
> *perdonádmelo, ¡oh vástagos amados!,*
> *porque os he tramontado a este valle,*
> *bien que los duelos yo a sabiendas mil*
> *las hondas entretelas puras ciñen*
> *de plantas, piedras, hombres y animales,*
> *en donde, ¡ay prendas mías!, tanto impune*
> *el tiempo como pira supersónica*
> *de la vida incinera el mozo estambre.*
> (PC, p. 74).

El motivo de la confesión gira en torno al amor, antes tan preciado, ahora «mal cuerdo», justamente porque no obtuvo remedio del «casto antídoto» del Hada Cibernética. No debemos pensar que éste es el idealizado amor de poemas más tempranos, pues el «amor mal cuerdo» fue donado por piedad para que el hablante por fin cobrara un aspecto humano. El sentido pragmático de la propagación natural se distorsiona con la clara implicación de que los «vástagos amados» son frutos de un varón no miembro del linaje humano. La dinámica de esta confesión aporta otro aspecto del desdoblamiento temporal y espacial sobre el mundo arcádico, donde la «desconocida voz» le predicó al hablante un destino que a su vez no pudo evitar para los hijos. Después de todo, heredan los hijos un mundo donde los duelos existenciales ciñen hasta «las hondas entretelas», aun de las «plantas, piedras, hombres y animales». Y donde el tiempo, como «pira supersónica», quema aquel «estambre» que sostiene la vida. La complicada dislocación sintáctica latinizante del poema oscurece aún más la indeleble culpabilidad del padre que ha propagado el fraude de ese mundo para sus hijos. El duelo universal que heredan sus «prendas» por vía del famoso soneto de Garcilaso («Oh dulces prendas, por mí mal halladas») sugiere un «dolorido sentir» similar. Pero las contradictorias emociones que expresa el padre no son como la melancolía suave de Garcilaso, que se inspiraba en una bella época de amor. El padre más bien rememora su propia falta de ocio y de amor, que también sufrirán los hijos. En suma, la carga de culpabilidad apunta a la imagen de la «pira» que incinera, a la rapidez del tiempo «impune» —al contrario del padre y sus «vástagos» castigados—, al estambre que conjuga la vida junto con las «entretelas». La manera en que «pira supersónica» se ajusta al sentido cabal del pasar del tiempo es una indicación inicial de la penetración de lo moderno en la esfera de esas «hondas entretelas».

La comparación de la imagen de la «pira supersónica» con la de «las nuevas aras, en el humo enhiestas, / de nuestro cuerpo ayer, cenizas hoy» que vimos en «¡Oh Hada Cibernética!, ya líbranos», ilustra bien la celeridad moderna

que afecta al «microuniverso». Otro aspecto del pasar del
tiempo opera un cambio radical en el río «Betis», presentado
en «Pues tenemos ¡oh Anfriso hermano!» (PC, p. 79) como
el «fresco río y dulce» que se ha vuelto en un «Leteo» «cuyo
tiznado seno es no de agua, / mas de fuego, no de ovas, mas
de ascuas». Al lado de la moderna «pira supersónica» está
la transformación del «Betis» en «Leteo», de obvias trazas
«clásicas». Estas fluctuaciones temporales y estilísticas acompañan un desplazamiento de óptica que parece extremar las
potencias confesionales y simbólicas que yacían virtuales
en textos anteriores. En «Cepo de Lima» se arroja una luz
diferente sobre la grotesca unión del hombre y su ciudad:

> Como cresta de gallo acuchillado,
> un largo granulado pellejuelo,
> de la garganta pende con exceso;
>
> y por debajo de las ambas patas,
> cascotes no de yeso, mas de carne,
> como mustios escombros de una casa.
> ¿Por qué estos de cascote fieros montes
> y tal feo pellejo mal mi grado,
> si flaco hoy ni corvado soy?
>
> Por tu cepo es, ¡ay Lima!, bien lo sé,
> que tanto cuna cuanto tumba es siempre,
> para quien acá nace, vive y muere.
> (PC, p. 87).

La transformación «pura» y transparente de la vida moderna se da en dos partes de «Plexiglás»:

> Este cuerpo, estos huesos, esta carne,
> días hay que no sufren por milagro
> el tenedor, las hachas, el cuchillo,
> que el gerifalte tal un matarife
> limpia, agita y afila con primor,
> para hincar luego y dividir en trozos

> al *más avasallado de la tierra;*
> *pues veces hay que por ensalmo mil*
> *el cuerpo que hipa pasto no es del filo,*
> *sino de plexiglás cual res el alma*
> *de la que cortan y pesan y ponen*
> *en el seno de un turbio celofán*
> *el alón de la mente y el filete*
> *no de carne, no, pero sí de aire.*
>
> (PC, p. 73).

La preocupación central de esta poesía apenas se desliga de los empeños del sobreviviente, es decir, de la comida, del ocio, del amor. La única diferencia verdadera entre «el más avasallado de la tierra» y el hablante es que hay días en que su «cuero, huesos y carne» no sufren el efecto del «tenedor, las hachas y el cuchillo». Los trozos con que el «gerifalte tal matarife» —figura de la vida en acecho— hinca y divide al que se vuelve «bolo alimenticio» para el amo, están representados a través de los paralelismos:

cuero	huesos	carne
tenedor	hachas	cuchillo
limpia	agita	afila

Las veces que escapa el hablante de esa «matanza» («pues veces hay ... / que el cuerpo que hipa pasto no es del filo»), pues sufre «cual res el alma». El «cuerpo que hipa pasto» es una transfiguración del cuerpo humano en «ganado» y de ahí en «pastor/obrero» que en la vida moderna, reiteramos, sufre a veces su propia especie de «matanza» espiritual. Así, el «plexiglás» llega al alma (*es* alma), de la cual «cortan y pesan y ponen / en el seno de un turbio celofán» lo mejor de su interioridad. El hecho de empaquetar en un «turbio celofán» esta cualidad espiritual contrasta con la «matanza» en «cuero, huesos, carne» de la primera mitad del poema. Queda transformado entonces el mercado de la primitiva carnicería en «supermercado» mediante el circunloquio barroco «no de carne, no».

La imagen transparente, pero apenas dibujada de la violencia se encuentra amoldada perfectamente en el vocablo «plexiglás». Este simple material de plástico no es visto como signo destructivo; en cambio sí lo es el «gerifalte». Incluso hay algo estéril e insubstancial en el corte del alma de «plexiglás». La reducción que conlleva el poema recuerda otros textos, como «Nuestro amor no está en nuestros respectivos / y castos genitales...» Allá el *reductio mortalis* que termina en un solo foco de luz es paralelo al *reductio espiritualis* de «plexiglás», el cual concluye en «el alón de la mente y el filete / no de carne, no, pero sí de aire». Pero «Plexiglás» reúne además dos épocas —la primitiva y la moderna— configuradas en el «microuniverso» belliano como hemos insinuado. La amenaza concreta del «gerifalte» sirve de emblema adecuado para señalar un marcado primitivismo, bajo el cual ha sufrido «la oscura cerviz» del hablante y del cual se salva actualmente sólo «por milagro». En contraste con ella, está el mundo modernizado, pero que obviamente *funciona* como el mundo más primitivo. Las veces que su carne escapa al filo es simplemente «por ensalmo mil» y se advierte que los días son los mismos y que la única diferencia entre éste y «el más avasallado de la tierra» es el simple hecho de que sufren dos variantes del mismo castigo en este mundo unificado por el dolor. Lo dicho es perceptible en una contracorriente que liga el «turbio celofán» y las expresiones «por ensalmo mil» y «por milagro».

El «turbio celofán» desmiente la esterilidad blanquecina del «plexiglás cual res el alma», pero apoya una corriente más profunda que expresa el sobreviviente. En el nivel de las significaciones un entrecruce semántico indica la manera en que «por ensalmo mil» contradice la proyección positivista de las entidades modernas como «celofán», las que corresponden, como hemos visto, no a una mera inserción de vocablos modernos sino a una percepción auténtica del mundo actualizado con respecto a sus premisas más univer-

sales [19]. Al reconsiderar la recepción estética de estratos de
objetividades en el poema, es improbable que el lector des-
carte la expresión «por ensalmo mil» como una figura ba-
rata equivalente a «por suerte», dado el entramado de textos
que examinan la relación entre azar y el destino, por ejemplo en «Del azar». No cabe duda que «por ensalmo mil»,
tanto como «por milagro» hacen referencia, a través de la
destacada inadecuación lexical, no sólo a un mundo arcá-
dicamente transfigurado sino al resultante cuestionamiento
de las fuerzas mágicas y cósmicas que controlan la vida humana. Por lo tanto, estas preguntas se aplican al mundo
repleto de «matarifes» y de «celofanes» para reiterar en el
presente «claustro» las mismas preocupaciones anímicas y
una similar creencia destinada al reino mítico, que supera
el esperanzado advenimiento del Hada Cibernética. Este ha
de ser el temple espiritual que proyecta el «turbio celofán».

Es notable que los males ahora no le suceden únicamente
al agobiado pastor sino también al que simplemente va por
el mundo, probablemente camino del trabajo. En «Las abolladuras» (PC, p. 73), la complicidad de las fuerzas del mundo (antes «orbe», ahora «planeta») es decir, «el fiero noto»,
«la armazón ferrosa de los coches» y la «matriz»-seno del
planeta donde «se cuelan» las «abolladuras», aun «desde
antes de los carros y los trenes», le comunican al «piloto»
el «vil desperfecto». Este «desperfecto» nos devuelve hacia
atrás, a la comparación entre las «máquinas» que nunca
cesan de trabajar y lo costoso que es el «desperfecto» en
términos monetarios, y el hermano como «aquel que nunca
tuvo ni un movimiento», clara alusión a Alfonso (véase
«No el desperfecto...», HC, p. 49). La verdad de estas denun-
cias sarcásticas de un «planeta» regido por el lucro es que
Alfonso ni siquiera recibe la atención que se prestan a las

---

[19] Puig, p. 35, nos recuerda que Vallejo censuraba la simple inserción al verso de vocablos como «motor» y «avión» para transformar la poesía en «futurista». Puig acierta al opinar que la inserción lexical belliana logra vincular la palabra con su sentido
profundo, moderno y tradicional.

máquinas. La última ironía, destacada en «Las abolladuras», radica en que «el vil desperfecto» de las máquinas contagia al «piloto» y a todos los humanos. Así que tanto la promesa de la Arcadia como la de la máquina-diosa son falsas. La falsificación hiperbólica engendra la exagerada mecanización del material humano «de abolladuras ornado», como se comprueba en el poema «En bética no bella».

LAS MUDANZAS: DEL PASTOR AL POETA

En cierto sentido hemos dado la vuelta, o completado un círculo con respecto a estos poemas al considerar de nuevo la invalidez de Alfonso. Con demostrar el desdoblamiento incestuoso de versos, títulos y libros de la obra de Belli, cosa que señalamos al comienzo de este estudio, regresamos análogamente a nuestros postulados analíticos. Con motivo del desarrollo del «microuniverso» anotamos brevemente cómo se modernizaba al avanzar y cómo las mudanzas que ha sufrido el hablante se aceleraban en conformidad con el tiempo más rápido y volátil de la vida moderna. Sin embargo, la «mudanza» misma, que últimamente ha adquirido la connotación casi exclusiva de «transformación», llevaba en potencia el significado de metamorfosis, incluso en «Variaciones para mi hermano Alfonso». Puesto que podemos retomar la temática de la «mudanza» del hablante desde los inicios del «microuniverso», es oportuno enfocar el papel del *poeta* tal como la planteamos al principio del capítulo en la fórmula clave: pastor/poeta. El poema «Después de mil mudanzas» introduce estas dos consideraciones:

> ¡Oh hado mío!, después de mil mudanzas
> de moral y de duelos y de escamas,
> ¿por qué no haces que vea ante mí un valle,
> con lo dulce y lo propio solamente
> de la rosa amarilla esmaltado?;
> pues tras muchas mudanzas,

en mis contornos sólo de repente
veo un arrabal, restos de los amos,
y en medio de una de sus crueles calles,
un atril y un libro y un claro plectro
a los sedientos plagios destinado.

(HC, p. 47).

En resumidas cuentas, los versos «después de mil mudanzas / de moral y de duelos y de escamas» se refieren al
conjunto de las contorsiones que acabamos de ver con algún
detalle. En este contexto, ponemos como ejemplo las «escamas», que claramente tienen que ver con la imagen del
«ufano pez» que surge en el poema «Del azar». Basta con
apuntar que el hablante pide como de costumbre un alivio,
y por lo tanto la forma apelativa se adecúa con la exasperación que caracteriza al espíritu expresado en los textos
pertenecientes a *¡Oh Hada Cibernética!* Sin embargo, lo
invocado y la petición son distintos —según mudan las cosas por el hado—, o bien son nuevas reiteraciones. Demanda
el advenimiento de un «valle» claramente diferente de lo
que le circunda, porque en sus contornos están las «crueles
calles» de los amos. El valle deseado es esmaltado «con lo
dulce y lo propio solamente / de la rosa amarilla», cuya
imagen plástica surge aisladamente aquí, pero figura varias
veces en la última parte de la obra de Belli. El brillo de la
flor no contrasta simplemente con los contornos presentes,
sino con la totalidad del «microuniverso» presentado, preparando de modo insólito sus múltiples alusiones a ese espacio. Con respecto a la imagen misma, viene al recuerdo
la manera estética del Modernismo y sus antecedentes, Simbolismo y Parnasianismo, que ayudan a aclarar la sinestesia
implícita en la belleza de la rosa transformada en «valle».
Pero es sólo lo «dulce» que esclarece «lo propio» de la rosa
lo que esmalta el valle, o sea, su fragancia, su suavidad, su
color. También, están los valores simbólicos propios de esta
«rosa»: la belleza del amor, por vía del color amarillo que
connota el oro de las riquezas físicas y espirituales, además

de la noción de perfección absoluta. Esa perfección promete la «pura» idealidad que es posible esperar, según la petición, en esta tierra.

Aún más insólito en el poema es que la petición dirigida al hado limita aparentemente con la plena contradicción de nuestra lectura de las potencias variables del azar y del hado («Por igual todos»); es decir, que el hado jamás ha logrado satisfacer los deseos añorados. Pero aquí, de repente, aparece «un atril y un libro...», cuya presencia súbita prepara, como un augurio, la necesaria vinculación con la «rosa», para cumplir con la petición. Es evidente, sin embargo, que esto ocurre «tras muchas mudanzas»; y en comparación con el primer verso, tenemos que concluir que las «mil mudanzas» apuntan al *terminus* de una vida, puesto que mil es número arbitrario pero completo. Esta sugerencia, redondeada en la imagen perfecta y completa de la flor, permite observar que el valle esmaltado equivale a un «cálido recodo», como el que esperaba el poeta para su hermano Alfonso. Con esto, se entiende que «lo propio» de la «rosa» en el ahora es sustituido efectivamente por el libro y el «claro plectro» destinado al «plagio». Por lo tanto, a ello se suma la antes concebida alusión literaria al género idealizante, pastoril. En este sentido, el «plagio» de la esencia textual («rosa») reproduce en los poemas de Belli el anhelado valle (como vimos precisamente en «Por igual todos»), ya esmaltado con «lo dulce y lo propio». La dislocación de la frase «restos de los amos» es ambigua, y si bien modifica «en mis contornos» apuntando así al significado «arrabal» de la ciudad, igualmente es posible que se refiera a «los sedientos plagios». Sea como fuere, la formulación del plagio del «claro plectro» remite a la plagiada Arcadia de las «rapsodias y ecos» de la literatura colonial peruana, tanto como remite a su realidad concreta, nutrida por «ese enfermo cordón umbilical» (Mariátegui, p. 241).

En un país ocupado por quienes se han «reservado todo» y desprecian al que está abajo, prohibiéndole incluso los frutos de la educación («Segregación N.º 1»), uno de los valores que sostiene el «contrabando» es la escritura que se complace en alabar la «tradición» codificada en ese «libro» y en el «claro plectro». Naturalmente que en esa realidad distorsionada, el fruto prohibido de la educación, el libro, es identificado por el poeta como objeto de valor y de deseo. Además, se supone que aun a pesar de los amos, uno de los medios propicios para el ascenso social es la formación educativa. De acuerdo con la mentalidad de desprecio y puerilidad que caracteriza al sujeto, no hay duda de que todavía mantiene su deseo de levantar cabeza mediante la formación intelectual, la cual, en general, se otorga a los «sedientos plagios».

Forma parte de la psicología que nutre el complejo de inferioridad en los desvalidos, el percibirse a sí mismos como estúpidos y tontos. Pues «Cuando el seso tiene la altura de un grano de arena» y «Si aire sólo hay en mi bolsa y en mi seso», se basan en el lugar horriblemente común de que el pobre tiene poco seso, tiene aire en la cabeza, y desde luego que aire tiene en la bolsa y en el estómago. Como decíamos, la educación es vía de escape; y tradicionalmente la iglesia ha sostenido ese papel social en ayuda del pobre. En «Si aire sólo hay», la repugnante pero acertada vinculación entre el yo y la educación se manifiesta en los versos:

> Si aire sólo hay en mi bolsa y en mi seso,
> yo entonces flébil colijo
> que las ventas de mis barras ferrosas
> durante tantos años,
> y aun mi voraz lectura,
> han sido no más para mi vientre laico,
> en cuyo seno ignoto
> quedaron convertidas
> primero en heces, luego en feble polvo,
> y al final todo en nada.

(HC, p. 34).

Subrayamos el «vientre laico» porque contrapone los quehaceres cotidianos de alimentarse y la «voraz lectura», que subterráneamente entroncan con los fines eclesiásticos que no han surtido efecto, porque el hablante «colige» que el proyecto resulta «al final todo en nada». Desde otra perspectiva, estas consideraciones, ya estudiadas en otros contextos, se generalizan ahora para encubrir toda la poética del «microuniverso» belliano por medio del aquí implícito «bolo alimenticio», que recibe atención más directa en «El cráneo, el árbol, los plagios»:

> *Un cráneo arbolado*
> *o un árbol craneal,*
> *tal es lo que yo quiero,*
> *para poder leer*
> *mil libros a la vez;*
> *un árbol con cráneos*
> *sobre cada rama,*
> *y en el seno hambriento*
> *de cada cráneo romo,*
> *un bolo alimenticio*
> *armado de plagios,*
> *mas de plagios ricos.*
>
> (PC, pp. 56-7).

Aquí el hablante desea poseer el fruto natural (pero el más rico, o sea el de la tradición) de su «voraz lectura» de «mil libros a la vez». El estudioso, que concibe la imagen de un árbol con «cráneos / sobre cada rama», medita en la idea de poder procesar información, aunque sea plagiándola, como si fuera una computadora orgánica. Tal concepción, completada luego por el «Robot», es afiliada con una enorme curiosidad intelectual, hiperbolizada en este contexto, para asegurar un ascenso social y algún bocado fino. La yuxtaposición metafórica de la inteligencia —saber— y el «árbol», que no sólo se refiere al árbol de la ciencia edénico, sino particularmente al árbol del plagiado *locus amoenus* limeño, implica a la vez una postrera caída del Adán solitario que vimos ya en: «Si de tantos yo sólo hubiera angustia».
El sufrir dicha segregación en la tierra limeña, el cuerpo

de un castigo divino nacionalizado, y por cierto común en
Belli, produce en su hablante cierta actitud con respecto al
pasado y a la tradición. En términos que se aplican a todo
el quehacer en pro de una verídica autoctonía que abordó
Mariátegui, apreciamos que el «plagio» mismo consagrado
por la evocación de la Lima Arcádica repite paradigmática-
mente el escapismo hacia una edad de oro doblemente re-
pudiable porque juzga que el presente no tiene valor propio.
El «plagio», pues, concretiza un múltiple espejismo convoca-
do en el término autoconsciente, que realza la propia factura de esta obra poética.

El tópico del «plagio» señala inevitablemente la naturaleza confesional de la obra belliana. El modus confesional
se presenta en el enrarecimiento simbólico de «La cornucopia», poema que reitera la dinámica doble del mundo/
MUNDO. Aquí el símbolo de la «cornucopia», que como dicta
el saber común equivale a plenitud y a riqueza, es enrare-
cido a través de una comparación entre el yo y Lima:

> El rollizo pie ajeno
> su planta en vez del vasto suelo posa
> sobre el delgado chasis de mi cuello,
> en cuyo seno corren bofes mil,
> cual amarillo alimenticio bolo,
> que sube, baja y sale
> por esta cornucopia del ombligo,
> que oro jamás rebosa;
> pues yo asaduras todo el tiempo boto,
> cuando platos ayer lavaba raudo,
> o decretos hoy copio mal mi grado,
> en el centro de un vasto campo mustio,
> de pan llevar ajeno,
> do nunca correr puedo cual alano,
> ni llegar al Erídano remoto,
> más ahora aún que ya se me han zafado
> los huesos cervicales para siempre,
> bajo los pies del dueño así cascudos,
> de la gran cornucopia que rebosa
> ni un bofe no, mas sí oro.
> (PC, p. 90).

El «ombligo» del poeta, transformado en «cornucopia» que «oro jamás rebosa», luego se convierte en la misma Lima, que yace bajo los pies «cascudos» del dueño «de la gran cornucopia / que rebosa / ni un bofe no, mas sí oro». La renovada visión de la injusticia, atribuye al hablante sólo el fango, despojo del «amarillo bolo alimenticio». Este sostiene sus «bofes» —figura fea que eficazmente connota trabajo— que acrecientan las riquezas de la «gran cornucopia». Contra dicho trasfondo, surge la imagen del poeta atareado: «cuando platos ayer lavaba raudo, / o decretos copio mal mi grado». Se entromete en nuestro examen del «plagio» la figura del burócrata que, para bien del país (se supone), copia decretos. A raíz de la revelación abierta, se enlazan cuestiones tocantes al poeta, «al plagio», y en fin al carácter de la tarea poética en Perú. En «Amanuense» la combinación de tales cuestiones esclarece aún más la situación del pastor/burócrata/poeta:

> *Ya descuajaringándome, ya hipando*
> *hasta las cachas de cansado ya,*
> *inmensos montes todo el día alzando*
> *de acá para acullá de bofes voy,*
> *fuera cien mil palmos con mi lengua,*
> *cayéndome a pedazos tal mis padres,*
> *aunque en verdad yo por mi seso raso,*
> *y aun por lonjas y levas y mandones,*
> *que a la zaga me van dejando estable,*
> *ya más hasta el gollete no poder,*
> *al pie de mis hijuelas avergonzado,*
> *cual un pobre amanuense del Perú.*
> (PC, p. 80).

El poeta, en función de amanuense, no sólo rebate de nuevo la eficacia de la designación pastor (obrero no ocioso/poeta) sino que también rebate la noción de «plagio», es decir, la situación del artista en Lima, como observa Higgins («Poetry of C.G.B.», pp. 327-28). Este es doblemente abatido: pasa su día copiando documentos que, por supuesto, mantienen oficialmente el status quo y en cambio no le quedan fuerzas más que para «los ricos plagios». Esta, pues, es la «confesión» de Belli. Por lo tanto, revela la intencionalidad de los «sedientos plagios», o sea, demuestra directamente la noción de que «el pasado fue mejor». También indica que la creatividad propia de este poeta es nula a la luz de su confesión. Según Lasarte, en su ya citada «Pastoral and Counter-Pastoral» (p. 314), el «plagio» mismo es señal poética de la explotación socio-económica. Y agregamos por nuestra parte que sólo «robando» materia se hace poesía. Pero al reconsiderar la situación literaria del Perú, en especial la Arcadia limeña esbozada en la poesía belliana, es más que obvio que se gesta y sostiene en la pura actitud consciente del «plagio».

Ahora bien, Ezra Pound dice que para los trovadores provenzales imitar la estrofa de otro es un plagio. Tales estrofas se conocían por el nombre de «sirvientes» (lo servil aquí designa cierta mordacidad fortuita) y su función era plenamente satírica (*ABC*, p. 69). Sin duda esta poesía tiene un carácter sumamente irónico, autoirónico en la mayoría de los casos. La noción de que Belli ha faltado el «decorum» poético con declarar el «plagio», calza bien con sus gestos autoirónicos. Pero en vista de estas consideraciones, ahora es necesario admitir que la falta de ética que mencionamos, e incluso su autoironía, se vuelven crítica satírica del involucrado «microuniverso» arcádico y horrible. Porque la mixtura estética de materiales en toda esta obra, como la declaración del «plagio», revela una gran ruptura del sistema convencional poético.

Dado que hemos considerado inicialmente la posibilidad de que haya una crítica interna «ceñida hasta las puras entretelas» del «microuniverso» poético advertimos que según se transforma aquél, como hemos estudiado, igualmente se muda la forma del «plagio» y aumenta la cantidad de poemas que enfocan señaladamente al poeta de la ecuación pastor/poeta. El crecimiento de ese papel acompaña, como es de esperar, algún descanso después de las mutaciones que ha experimentado el poeta. En «La cornucopia» se dice: «más ahora aún que ya se me han zafado / los huesos cervicales para siempre» (PC, p. 90).

En el «Epigrama primero», de acuerdo con alguna mejora que el azar le ha concedido al poeta, y de acuerdo con la antes mencionada extensión temporal hallable en *El pie sobre el cuello* y *Por el monte abajo*, es notable el «clasicismo» romano que le prestan el título, el nombre de Marcio y, en fin, la situación misma:

EPIGRAMA PRIMERO

El manubrio, Marcio, hoy veo
de la fortuna girar
tu verso cansino ayer,
cual si al fin dejado hubiera
de poca monta su vena;
pues los hados y los amos,
que nunca antes te miraban,
ahora te dan su tiempo,
se paran y te palmean.

(PC, p. 95).

Marcio es una máscara que se pone el poeta para poder hablar de sí mismo como si fuera un poeta «clásico». «Marcio», como máscara, reaparece en pocos poemas bellianos, aunque se adecúa también al matiz que antes asociamos con un alcance mitológico, por ejemplo «la boca de lobo niquelada» y la fundación de Roma. En «Robot Rocín», Marcio cumple un rol arquetípico de otra índole. El poema tiene por objeto la situación de Marcio, un «robot exclusivo», que fue transformado por los hados en «moldes de esquelético rocín». El hablante de este poema, escrito en sáficos adónicos, reconoce el deseo del «rocín» de resucitar en un «robot», pero le avisa que «si los hados otra vez te tornan / al sublunar vegetativo feudo, / muda en rocín, y calla»

(PC, p. 95). En general, los textos de *Por el monte abajo* registran la desarticulación del hablante/poeta, y aunque no hay una muerte *per se* de esa figura, existe la sensación de una postrera mudanza, o sea, la sensación de estar ya de vuelta de la región lunar: la reencarnación.

A saber, entre esas «mudanzas» figura el hecho de que el hablante se torna en el «Bolo del pulpo»: «y en bolo alimenticio fui mudado / aunque así convertido, / las penas rememoro / del pastor que yo era, / cuando en el globo sublunar yacía...» (PC, p. 96). Así que la identificación del poeta Marcio con el «Robot Rocín» en el ámbito de estos comentarios de oficio poético, permite iluminar la envidia que siente el hablante por el «Robot Sublunar»:

> *¡Oh sublunar robot!*
> *por entre cuya fúlgida cabeza,*
> *la diosa Cibernética*
> *el pleno abecé humano puso oculto,*
> *cual indeleble sello,*
> *en las craneales arcas para siempre;*
>
> *envídiolo yo cuánto,*
> *porque en el escolar malsano cepo,*
> *por suerte se vio nunca*
> *un buen rato de su florida edad,*
> *ni su cráneo fue polvo*
> *en los morteros de la ilustración;*
>
> *que tal robot dichoso*
> *las gordas letras persiguió jamás,*
> *y antes bien engranaron*
> *en las dentadas ruedas de su testa,*
> *no más al concebirlo*
> *el óvulo febril de la mecánica;*
>
> *y más lo envidio yo,*
> *porque a sí mismo bástase seguro,*
> *y ágil cual deportista,*
> *de acá para acullá expedito vive,*
> *sin el sanguíneo riesgo*
> *del ayer, hoy, mañana ineludible.*
> (PC, p. 101).

Las múltiples funciones irónicas que contiene el texto dependen, en parte, de la situación del poeta, «amanuense» en el Perú, y en parte del deseo de abandonar el linaje humano. Cosa que por cierto culmina en «Bolo del pulpo» y también en «Robot Rocín», que juega con la versión modernizada de que el hablante realmente no pertenecía al linaje humano de todas maneras. A la larga, la ironía culminante desemboca en la paradoja de que el «sublunar robot» recibió el legado de la diosa cibernética que él mismo tan ansioso esperaba. De este modo, el hablante enfrenta la imagen de sus propios sueños. El ser robótico ya es dueño de todo lo que consumaría los esfuerzos del ser humano por educarse y lograr así algún ascenso social y tranquilidad económica. La envidia identifica, por contraste, al sufrimiento humano, en el «escolar malsano cepo», en los «morteros de la ilustración», en el perseguir «las gordas letras». Pero lo más importante, el hombre envidia la libertad y confianza del «robot»: «a sí mismo bástase seguro». La envidia del hablante por las facultades superhumanas, inmortales (como el «deportista... [que] vive, / sin el sanguíneo riego / del ayer, hoy, mañana ineludible»), completa y redondea aquella trayectoria «futurista» encarnada en la figura del Hada Cibernética que era capaz de soltar los huesos de la mano del poeta. Al parecer, la máquina diosa ha mandado un epígono suyo al «globo sublunar». El «robot», entonces, ¿representa la soñada vía del futuro, erradicando de una vez por todas el «hórrido oficio humano», el «escolar malsano cepo» y el «vil desperfecto»? Claro que se puede preguntar: ¿cómo figura el ser humano/poeta, tan insignificante en el mundo utópico congregado alrededor del «robot»? ¿Implica el poeta que la única manera de sobrevivir como artista en la vida moderna es ser como un «robot sublunar»? La envidia que siente el hablante sin duda es motivada por el deseo de ser «humano» como si fuera «robot» para poder vivir «ágil cual deportista». Y de ahí que la envidia puramente humana del poeta se ve limitada no sólo por la imposibilidad de ese soñado hibridismo, sino que desmiente su previo cuestionamiento metafísico. Pues persisten aún frente a la imagen del «robot» esas cuestiones de la injusticia socio-económica, de la propiedad privada, del peso de la «tradición», etc. El «robot», a pesar de todo, representa un ser dependiente de su diosa tanto como los humanos son dependientes de sus dioses, hados y amos. Y puesto que es un ser robótico de otro linaje que el humano, jamás podría resolver los problemas de la segregación ni de la explotación, pues en la sociedad humana, ¿cuál sería su papel? Aun si fuera un «robot» que pudiera ejercer su «libre albedrío», ¿se esperaría que su conciencia le motivara a obrar en bien de todos por igual?

Mediante su envidia, el poeta se reencarna en la imagen de sus propios sueños futuristas y utópicos. Pero como insinuamos arriba, la promesa del sueño ilusorio vuelve a incitar las mismas problemáticas que iba a solucionar. De esta manera, el poeta, ingenuamente, pone al descubierto la mutua negación de su dañada condición humana y su ilusión «futurista». Si Belli ha perforado el mito pasadista de Lima la arcádica y horrible, aquí perfora también el mito moderno. La culminación de esta doble incisión se evidencia, entre otras cosas, en la desafiante revelación de envidia y no en la declaración anterior del «plagio». El «plagio», como quiebra de cierto «decorum» poético, configuraba desde ya un desafío tanto para el lector implícito e histórico como para el poeta mismo; puesto que el «plagio» se entrevera con la fundación de este «microuniverso», y lo penetra todo. Por lo tanto, la «imitación servil» sirve para confundir y criticar a la vez dos componentes importantes del espacio imaginario: su mezcla de tradición y modernidad, y el modus confesional de la voz lírica belliana.

III. A LA ZAGA DEL BOLO ALIMENTICIO

Para el crítico Antonio Cisneros, Belli ha vuelto las espaldas a las preocupaciones sociales que caracterizaron sus textos tempranos, y en «Robot Sublunar» culmina aquel deseo de identificarse con la naturaleza al envidiar a ese ser artificial (p. 92). Por nuestra parte, añadimos que «Robot Sublunar» refleja para el hablante el «escape» de la responsabilidad de elección, señalado por Cisneros, o sea, apunta en la dirección de su sentimiento de culpabilidad. De hecho, la persistente y patética disminución del hablante se vincula con el intrincado nudo de la injusticia social y con la responsabilidad individual, que repetidas veces ha estimulado las irónicas y contradictorias actitudes del personaje. A pesar de esta confusión, no es imperceptible el papel infame que desempeña la sociedad injusta —y por extensión sus funcionarios— contra el individuo. Dentro del espacio creado mediante los rasgos identificables de la «utopía» limeña, donde subsisten juntos el pasado, el presente y el futuro, la figura individual, hija de la urbe moderna, lucha con la profunda cuestión de la responsabilidad individual y social. Como objeto de esta meditación sobre la ética personal, veremos que la identidad misma del personaje vuelve a ser objeto temático en las etapas posteriores de esta obra.

El complicado autoexamen de textos como «Segregación N.º 1» o «El fraude por mí cuanto propagado...»

que envolvía preguntas difíciles como el origen y la transmisión genetical, junto con la obsesión por la imperfección humana, el reparto desigual del producto del trabajo, etc., desembocan en conceptos inquietantes acerca de la responsabilidad, la ética y la moral humanas. El «Robot Sublunar» fácilmente resuelve las confusiones al creerse, ilusoriamente, perfecto en relación con las capacidades «humanas» que tanto pesar le han causado al hablante; de ahí la unión irónica del humano con la inmortal máquina, no por la razón ni la necesidad, sino por envidia. En cambio, la presencia de las máquinas y la mecanización de los humanos en las progresiones que culminan en el «Robot», reaniman, al revés, las mismas confusiones, en vista de la esperanza aportada por la edad cinetífica. Esta edad, rerecordamos, produjo, a través del darwinismo, positivismo, etc., una visión completamente mecanicista del universo material. En consecuencia, la trayectoria de una meditación sobre la ética personal, que abarca el «primitivo culto» del que nació «caído» y la envidia por un «robot», señal del universo mecánico, alcanzan un campo de significación y referencia universales. En este sentido, la sociedad limeña vuelve sobre sus dimensiones fundacionales y arquetípicas, y también el hablante gira hacia sus propias dimensiones concretas de alma solitaria. Estas razones dan a entender que las meditaciones aludidas encuentran su unidad en los laberintos contradictorios de la conciencia individual, potenciada por una variedad de actitudes oscuras, una de las cuales es el hecho de evitar la responsabilidad de elección. Si bien la envidia por el «robot» no culmina directamente en un sentimiento de culpabilidad, de todas formas indica algo de su irónica proyección.

Teniendo presente la dimensión y los móviles psicológicos puestos de manifiesto en «Segregación», etc., observamos que la ironía y las mudanzas de «moral... y de escamas», tanto como las complicaciones léxico-sintácticas de los textos, registran el distanciamiento del hablante del propósito de su autoexamen. Este no es el caso en «Sea así», uno de los poemas de *¡Oh Hada Cibernética!* que inicia el examen directo del sentimiento de culpabilidad generalizado que acecha al hablante:

> *Sea así, yo os confieso:*
> *he decidido alisar los repliegues*
> *de mi culpable alma, tan similares*
> *a aquellos de la bolsa en que se guardan*
> *cien mil barras ferrosas;*
> *y, cual la holanda, será pura y lisa,*
> *aunque para alcanzar tal lienzo blanco,*
> *desde ahora me vaya en demasía*
> *purificando con el crecimiento*
> *de una giba, cuanto invisible, grande,*
> *que llevo como carga en las espaldas,*
> *a más del pavor y la vergüenza*
> *de verme con mi víctima o soñarla;*
> *y aunque ya sufra ahora mi condena*
> *a aquello superior por mí dañado,*
> *no lo lamento, muerte, porque quiero*
> *llegar hasta vos cuán embebecido*
> *en mi dolor y no tener sentidos,*
> *y el cuero adentro sea lienzo liso.*

(HC, p. 42).

El texto acompaña a otros, como «¡Cuánta existencia menos...!», donde el yo lírico atribuye la culpa del deterioro universal de los seres vivientes al sentido egoísta de la propiedad privada. Aquí, el yo no propone la misma solidaridad «natural», aunque ambos textos expresan el deseo de una transformación que llegue cerca de la problemática raíz de la responsabilidad.

A la manera de los «performativos» señalados por John Austin, en «Sea así» el yo pacta un contrato consigo mismo en que da por sentada su culpabilidad. Puesto que propone su decisión como confesión frente a los padres y como precondición a la muerte, cumplir con el contrato equivale a vivir, aunque «en demasía / purificando», una temporada que interviene entre el pasado de los padres y el momento de la muerte. El futuro se hace presente al constatar que «sufre ahora», con tal de que el presente cobre sentido en relación con el acto de purificar su «lienzo» interior. La compensación premeditada de limpiar el alma ensuciada, valiéndose del «crecimiento / de una giba, cuanto invisible, grande», es consecuente con el lugar común de que el sufrimiento purifica, y con la justicia ideal postulada en «Por igual todos», o con la justiciera nivelación vista en «Yo pese al paso largo». El porte de su «giba» contrapesa su gran culpa «invisible», porque es una carga asumida espiritualmente. Se advierte que el tono elegíaco, a la vez que patético, de verse «con su víctima o soñarla» complica aún más esta confesión de autosufrimiento. Desde luego que la expresión «verse con» apunta a cierta realidad existente similar al encuentro con un doble («Robot Sublunar»). La víctima existe en la forma de la imperfección humana; imperfección física aquí que este individuo acepta como su propio «correlato objetivo» de «man's sense of limitation and importence» (Lasarte, p. 309).

La culpabilidad completamente honesta expresada por Vallejo en «El pan nuestro»:

> *Todos mis huesos son ajenos;*
> *yo tal vez los robé!*
> *Yo vine a darme lo que acaso estuvo*
> *asignado para otro;*
> *y pienso que, si no hubiera nacido,*
> *otro pobre tomara este café!*
> *Yo soy un mal ladrón... A dónde iré!*

encuentra paralelo en la alocución «mi víctima», recalcando la humildad cristiana que propone: si hay víctimas en el mundo, todos debemos serlo. Por lo tanto, las dinámicas de una psicología compleja hallan expresión en el verso: «a más del pavor y la vergüenza», que refleja el conocimiento de su complicidad victimaria, así como la reacción pavorosa frente a la decisión de tomar sobre sí una responsabilidad inútil, para una realidad intransigente.

Las tres partes del poema se ajustan a la lógica de un ordenado análisis de la culpabilidad, y la toma de decisión se basa rectamente en la confesión (versos 1-5). Desde luego que los versos (6-13) que acabamos de ver proponen la manera de actualizar lo decidido. La última sección (versos 14-19) declara lo esperado de su acción, el resultado puro: la salvación. Esta estructura tripartita, integrada por versos endecasílabos, caracteriza el ritmo del pensamiento ordenado y lógico de los poemas que componen el «microuniverso». En cambio, pero de igual manera característica, están las complicadas proyecciones morales y éticas que amenazan la fluidez de la lógica de los entrelazados lugares comunes. Como resultado, se complica la racionalización de no lamentar lo lamentable. Los versos que dicen: «y aunque ya sufra ahora mi condena / a aquello superior por mi dañado», establecen la base temporal de su castigo —de ahora en adelante— por razón de algún yerro que ha cometido con respecto a «aquello superior», o sea, ambiguamente contra «la giba», señal de su víctima, o contra el cielo, o simplemente contra el espíritu de justicia humana, superior a estas razones y también encarnado en la «giba». Al parecer, a pesar de que ya ha admitido su culpa, deja abierta la posibilidad de que comience su sufrimiento, cediendo esa responsabilidad a la muerte. Al quitarle importancia al lamento, se resigna a la suspensión de los sentidos, «embebecido en mi dolor». La purificación dolorosa curte la piel interior y alisa el «lienzo» gracias a esa suspensión natural de los sentidos. ¿Puede ser responsable el que se emborracha por los efectos de una previa responsabilidad aceptada «en demasía»?

Es aún más curioso observar cómo llegó a concebirse la condición replegada de su «culpable alma». Lo sucia y desordenada que está el alma, inicia una comparación con la «bolsa de lienzo», que concuerda perfectamente con la forma de la giba que lleva a la espalda a la manera de un

contrapeso. Así también la «carga» que transporta contra-
balancea las «cien mil barras ferrosas» similares a «los
repliegues / de mi culpable alma» que han ensuciado su espíritu. Las asociaciones figuradas ligan «alma» y «bolsa»,
«barras» y «repliegues». En cambio, no es tan fácil saber
a qué se refieren las «barras ferrosas». Reciben mención
en «Si aire sólo hay...», donde tanto la bolsa como el seso
sólo tienen aire, y donde «las ventas de mis barras ferrosas», como la «voraz lectura», hacen que termine «al final
todo en nada». Por eso parece lícito afiliar las «barras»
con el trabajo pesado y duro y aun con el dinero con que
debe ser remunerado el trabajador. La noción de que la
culpabilidad surge del esfuerzo del trabajo que repliega
el alma, se remonta hasta el pecado original, e inclusive dentro de esa ética cristiana implica la injusticia que le ha acae-
cido al inválido, incapacitado para trabajar y víctima del
desperfecto gestado en aquellas regiones remotas del Edén
bíblico. «Víctima», tal como se emplea aquí, alude de nuevo
a la expresión «de verme con mi víctima [Alfonso] o soñarla»,
vista en el correlativo que señala a todos los humanos limi-
tados. Para reconsiderar también el juicio de Cisneros, observamos lo siguiente: el hablante sufre por la victimación
humana, cuyos orígenes son difíciles de precisar. El martirio expresado en «Sea así», aunque complicado psicoló-
gicamente, recalca la razón para esperar la llegada del Hada
e igualmente desemboca en la iluminación de quien asume
una responsabilidad demasiado honesta.

Se disipa pronto la atmósfera y el tono ingenuo, e incluso tierno, de «Sea así» al considerar otro poema de *¡Oh
Hada Cibernética!* «Los graves desperfectos» continúa las
mismas potenciadas interrogaciones:

> *Los graves desperfectos*
> *del cojo o manco o tuerto,*
> *que son como del ave cruda liga,*
> *pregúntome si existen*
> *¿por mí, crudo yo, o por ti, hado crudo?;*

mas si yo solo fuera,
¿dónde ocultaré entonces
avergonzado mi dañina culpa,
que es también cruda liga
a mi pie y a mi mano y a mi ojo?

(PC, p. 55).

Este poema, reducido por la intensidad agria de su proyección, aclara más el espacio comportado por la noción de «víctima» y los «desperfectos» naturales y físicos. La «liga» —material pegajoso metafórico— junta el desperfecto del «cojo» y el «ave» con la culpa y el «pie» del yo lírico. La trampa que frena el vuelo libre del pájaro, símbolo de la fuerza que comunica lo superior y lo inferior, en la forma del desperfecto físico, igualmente acorta el movimiento humano libre. El impacto emotivo de la yuxtaposición gráfica del inválido —hombre o ave—, estriba en la sencillez de la imagen que contrasta con la subyacente mentalidad laberíntica.

El yo, cargando como un desperfecto su «dañina culpa», admite su igualdad con el «cojo, manco, tuerto» mediante su «pie, mano, ojo». En otros términos, el desperfecto del tuerto se le mete en su ojo y así condensa el hecho de que el hablante tampoco es libre en lo que a su «ojo» se refiere: limitación ejercida por la culpa. Ahora bien, aceptamos que si hubiera una razón por la que él fuera culpable, dicha limitación sería martirio justo, asumiendo que el sufrimiento limpia la culpa o ayuda al inválido. Pero, increíblemente, el hablante evita la posibilidad más razonable preguntándose por la génesis del desperfecto en el mundo: «¿por mí, crudo yo, o por ti, hado crudo?» La perfecta simetría del verso sugiere el paralelo superior-inferior que dibuja el texto, y contradice la desproporción de la carga responsable asumida por el hablante. La inserción del yo en la ecuación se ensambla con su papel de víctima espiritual. Sin embargo, es imprevisible que el yo aceptara —como el Adán postrero acepta la soledad— la universal culpa expresada en «mas si yo sólo fuera». Aparentemente su inexplicable, pero innegable sentimiento de culpabilidad lo ha marcado. Por eso vuelve a preguntar dónde ocultar «avergonzado» esa culpabilidad que en el momento ha reconocido como suya. Acabamos de considerar en qué sentido el hablante podía cargar una «giba» invisible, y ahora no tiene donde ocultar su vergüenza, porque al fin se ve con su «víctima». La verdad es simplemente ésta: el yo busca el orden justo de la vida y pretende encontrar respuestas adecuadas para las incongruencias humanas que le tienen perplejo. La reflexión sobre su propia limitación humana, que ya admite la responsabilidad fraternal sentida mediante el desperfecto ajeno y que se le llega al ojo gemelo —el suyo— le causa una reacción de incredulidad. Faltando otras indicaciones superiores (que no van a presentarse), y dado que el yo ya se siente ligado «a la zaga» con los cojos, la única explicación que se presenta es la de que éste es el único culpable. ¿Cómo explicarle que no debe compartir tan a fondo el desperfecto ajeno? ¿Cómo probar que el hado sí es el responsable? El hablante, en ese momento iluminado, se ve claramente con su víctima, él mismo, luciendo como hipócrita su perfecto ojo dañado por dentro y preguntando dónde ocultar la vergüenza.

En la solitaria desnudez de esta alma, el lector no puede dejar de hurgar en los intersticios de su expresión de igual manera que el hablante se lanza hacia los espacios inquietantes de su universo humano. En el mismo pasaje, y desde el orden que ha construido para su estabilidad y que se mueve hacia lo desconocido de la psique universal, hay un momento de iluminación inquietante. Este personaje contradictorio, aun a pesar de su ingenuidad, o mejor, justamente por ella, siempre evita la consideración convencional, desviándose continuamente hacia la *otra* puerta, que por lo demás, continuamente abre. Por cierto, hay un riesgo para la personalidad al examinar estas materias: el de poner en peligro su propia identidad. Tengamos presente que la voz de estos poemas a cada paso desea aniquilarse, pues viene sufriendo una «crisis» de identidad. La última metamorfosis se prefiguró en la casi imperceptible desaparición del Hada Cibernética, que se desvaneció en cuanto entró. Su trayectoria parabólica puntualizaba las etapas del apogeo y descenso de cierta ilusión acerca de la vida. Así también sufre el personaje, que a cada paso lucha con la «ilusión» de su propia existencia.

Ya hemos mencionado en otra parte el carácter programático y entrelazado (incluso en sus contradicciones) de los textos que componen esta obra. Hay en ellos un sentido alegórico que no se concluye sino que rota obsesivamente sobre lo mismo. Dicha alegoría es otra señal del anticonvencionalismo perceptible en obras poéticas similares, como *Crow* de Ted Hughes, *Summa de Maqroll el Gaviero*, de Álvaro Mutis o, en otros aspectos, en poemas de Enriqué Lihn y Oscar Hahn. Lo que sí permanece detrás de la apariencia es la lucha ética del hablante con sus premisas vitales, es decir, con su concepción del mundo. La batalla, por necesidad, incluye al hombre y al poeta; la poesía y su lenguaje. Sentimos que el yo únicamente se mantiene a salvo gracias a la poesía; en cierta forma su «giba», su salvación sufriente. La perfecta ironía de esto es que la persona lírica no sólo desea esfumarse, sino que es devorada por el mundo de su propia poesía, como se comprueba en «Bolo del pulpo». Otro aspecto paradójico y anticonvencional de este hablante estriba en el hecho de que su hablar, derivado en gran parte de clichés y lugares comunes, se complica hiperbólicamente debido a una vacilación entre el impulso de revelarse y el temor de hacerlo [1]. Se revela y se protege en la complicación. Esto supone que el pos-

---

[1] «Quiero decir que en la confesión del yo el poeta crea una serie de subterfugios para desnudarse ocultándose: el mismo lenguaje es una máscara trabada en el escenario de la sintaxis y vuelta a trabar en la pequeña mitología del poema», Julio Ortega, *Figuración*, p. 133.

tulado de una poesía accesible al hombre común debería
ser franca y sencilla, es decir antiretórica. Aquí el lugar
común y los problemas y asuntos de la vida diaria apuntan
al hombre medio, pero se someten a la manipulación retórica de la más pura índole barroca, la cual explora regiones de la poesía supuestamente agotadas.

Cobra entonces la poesía de Belli un tono y un carácter
similares a lo que se reconoce en la pintura de Henri Rousseau como el primitivismo estilizado. Shattuck dice del
Aduanero que los emblemas que adornan sus lienzos son
arbitrarios y apropiados; que su colocación gratuita depende de cualidades pictóricas y se conforman a la naturaleza de la composición; por ejemplo, la torre Eiffel simboliza a París, pero no de modo simbólico, sino de manera naturalista[2].

Hemos visto que el hecho de yuxtaponer en poesía lo
trivial junto a, o en el contexto de la muerte iminente, lleva
la firma del siglo de oro poético (Jean Franco, *Vallejo*,
p. 194). Igualmente la elaboración artística de adornos que
derivan de la angustia y del sufrimiento humanos, parece
desequilibrar lo trival y lo moral, si consideramos el desgarrado modo del expresionismo y del existencialismo, que
remiten en una forma u otra al barroco y al grotesco españoles. En los cuadros de Rousseau se ve algo similar, contando siempre con la neutralidad terrorífica de sus objetos; así por ejemplo, en el cuadro «Le poéte et sa muse».
Belli sigue una misma línea, salvo que la capacidad de sus
materiales para causar angustia y efectos inquietantes, surge tanto de los objetos como de su tratamiento. El riesgo
de confrontar al lector con objetos y modos que constituyen un ataque frontal a la vez que una apología de la convención poética, pone en peligro su recepción estética.

Según Liane Norman, el lector se arriesga al aceptar

---

[2] Roger Shattuck, *Banquet Years*, p. 99. Acuden a la memoria
en cuanto a la pintura nombres como los de El Bosco, De Chirico,
y Escher cuyas obras arrojan luz sobre distintos aspectos de la
poesía de Belli.

la autoridad de la ficción[3]. Aceptarla supone que el lector se abre a la contemplación de la experiencia ajena. Una vez que el lector se ha arriesgado, es fácilmente inteligible que el peligro inherente llevaría a la ruptura de la situación comunicativa y al subsiguiente aislamiento que señala la destrucción de la sociedad. El riesgo requiere en cambio alguna compensación y seguridad, y éstas se posibilitan mediante la tensión entre el riesgo y la redundancia *sui generis* del lenguaje —nos asegura Norman. La cualidad reiterativa del lenguaje disminuye la inaceptabilidad de la recepción del texto, y asegura al receptor que su lectura es competente, preparando así su tolerancia, fruto de las lecciones que recibe de la experiencia de su ensanchamiento espiritual. Con la redundancia, el lector, forzosamente, reexamina su propia vulnerabilidad, y lo repetido se torna en compensación liberadora, o sea catarsis.

Belli potencia el riesgo y la reiteración en la sextina, creando para su hablante una alternativa de su «situación límite» señalada por Cisneros. Sin embargo, a su manera, Belli pone todo al revés. El riesgo que enfrenta el lector de la «Sextina», tanto como el conjunto textual de esta obra, es la redundancia. En otros términos, el objeto contemplado se reitera tanto que pierde sentido y se desfamiliariza, para abrir la posibilidad de otra perspectiva. La «redundancia» de la obra de Belli se torna en riesgo de plantear frente a los ojos una situación inquietante que estimula de nuevo la resistencia a contemplarla, resistencia que es vencida con la pura formalidad del complicado *versus* de la sextina. Julio Ortega ha dicho: «El laberinto del horror es otra vez testimoniado desde su contemplación en el arte reiterativo —espiral y eco de la sextina» (*Figuración*, p. 139). Espiral y eco —agregamos— que resuena en los oscuros túneles de la obra belliana y que en su inicio gira en torno a los sentmientos de responsabili-

---

[3] Liane Norman, «Risk and Redundancy», *PMLA*, 90 (1975), pp. 285-91. Me baso en este párrafo en ideas planteadas en este artículo.

dad y culpabilidad; espiral de quien no ha logrado desci-
frar bien dicho sentimiento en la situación límite en que
se halla, y eco constante de la solicitud de alguna señal de
respuesta.

La sextina se remonta hasta Arnaut Daniel, entre otros
trovadores provenzales, y tuvo una gran influencia en las
canciones de Dante, Petrarca y en las poesías de Fernando
de Herrera. La sextina original daba expresión a las tor-
mentadas pasiones del alma no correspondida en el amor,
y aunque sus exigencias han asegurado su uso infrecuente,
está indirectamente emparentada con la poesía pastoril,
que es uno de los modelos «plagiados» por Belli. La «Sextina Primera» se localiza al final de *El pie sobre el cuello*,
y sirve para resumirlo asimismo como introducción o enlace
con el próximo poemario, *Por el monte abajo*. Compuesta de
seis estrofas de versos endecasílabos y un terceto cuyos vocablos finales siguen un esquema que se parece al tejido de
una malla. Así: ABCDEF FAEBDC CFDABE EDBFAD
DEACFB BDFECA BEF [4]. Esta primera sextina se dedica a
Mario Vargas Llosa, por razones que ahora parecen obvias,
y encuentra su expresión en la asfixiante situación de Lima:

SEXTINA PRIMERA

A Mario Vargas Llosa

Ya sordo, manco, mudo, tuerto, cojo,
con el chasis yo vivo de mi cuello

---

[4] El esquema de los vocablos finales de verso en la sextina conforman un patrón circular. El patrón se esclarece si ordenamos los
vocablos empleando una enumeración así: 123456 615243 364125
532614 451362 246531 256. Si se extiende la serie utilizando el mismo
sistema de variación, es evidente que la combinación 246531 retorna a la enumeración de principio formando un círculo. El terceto
final de la sextina rompe la serie al combinar libremente los seis
vocablos integrantes. Sin embargo, la circularidad apenas completada en la forma de la sextina rige el complejo entramado de su
factura y sirve bien al propósito totalizador de las sextinas bellianas.

bajo el rollizo pie del hórrido amo,
y junto aun al estrecho fiero cepo,
que pusiere entre cardos mil el hado
a amortiguar del orbe el fértil ocio;

qué ilícito el que nunca alcance el ocio,
aun el alano a quien lo dejan cojo,
o rosa o risco a quienes nunca el hado
libera alguna vez el mustio cuello
o el tallo o el granito bajo el cepo
del áspero planeta y de los amos;

y así enanos nos vemos ante el amo,
y en honduras vivimos sin que el ocio
al hierro o al madero del gran cepo
mitigue y pueda al fin nuestro pie cojo
moverse un palmo, bien que el viejo cuello
bajo las plantas yazga de los hados;

y ya no humanas, sino de los hados,
que a veces en concordia con los amos,
juntamente avasallan todo el cuello,
de cuyo seno aléjanse los ocios,
dejando el ojo tuerto y el pie cojo,
que miembros ya parecen más del cepo;

pues no sólo el gollete unido al cepo,
ni aun este cuello bajo el pie del hado
o del amo, mas sí todo el pie cojo
o el tuerto ojo por obra de los amos,
hacen un solo cuerpo sin más ocio,
con el hierro que oprime el gacho cuello;

que si el seno columbra alguien del cuello,
bien diría que el leño del vil cepo
a la carne remplaza exenta de ocio,
apisonada tanto por el hado,
cuanto por el cascudo pie del amo,
que para tal empresa nunca es cojo;

pero cojo yo en fin y con mi cuello
deste cepo cautivo, heme, ¡ay crudo hado!,
¡ay vil amo!, en pos siempre de un breve ocio.
(PC, pp. 80-1).

Si el postulado de Norman es acertado, entonces el riesgo que conlleva la contemplación de la completa asfixia del hablante debe salvarse con la reiteración en espiral —columna vertebral— congregada por las palabras «cojo, cuello, amo, cepo, hado, ocio», por sí solas repeticiones de motivos y aun temas de esta obra del «microuniverso» belliano. La dinámica de la sextina original (y de la redundancia), dado que siempre regresa sobre los mismos términos, configura también un desafío al poeta, para cumplir con sus demandas. Es pues un cepo poético en sí, que deja poca libertad creativa de cierta clase a la vez que estimula otra.

La dinámica psíquica de la oposición responsabilidad/culpabilidad es entrecortada por otra oposición: riesgo/redundancia. La responsabilidad comporta siempre algún riesgo, y la culpabilidad implica, a la inversa, la redundancia; o sea, la obsesión con «la malla de los hechos» para encontrar un motivo justificador del yerro consciente o inconsciente. La persona dependiente no tiene más remedio que cargar con la culpa generalizada, debido al hecho de que los que mandan también son dueños de la palabra. En cambio, los amos no aceptan responsabilidad alguna respecto a los infortunios del oprimido, puesto que la desgracia que hiere a todos surge del oscuro origen de las cosas. El sentimiento generalizado de culpabilidad se arraiga en la persona como estrategia segura de estabilidad (redundancia), a la vez que complica la posible pero arriesgada responsabilidad de elección. Asumir la palabra propia, hablar, caminar, ver, llegan a ser entonces actos revolucionarios, psíquicos y sociales. La mentalidad obsesiva, en efecto, busca respuestas inexistentes para mitigar el sentimiento de culpa, y al revisar las cosas continuamente, el hablante corre el riesgo de encontrarse al descubierto. Este mecanismo también rige para la responsabilidad del escritor con el lector ficticio.

En la «Sextina Primera» son identificadas las motivaciones medulares de la situación humana dependiente. La

primera estrofa reitera, en orden, la completa identificación del hablante como inválido a causa de la opresión
constante bajo el pie de los amos, la cual se condensa en
la imagen del «cepo». Y junto con los amos están los hados,
que pueblan la tierra con «cardos», amortiguando así el
ocio fertilizante que opone la dureza de los «cardos». El
primer verso presenta una imagen sintética del duelo de
una nación, que puede ser el de cualquier sociedad. Entre
los impedidos figura el mudo, y es suficiente decir que tal
condición conduce, como los otros poemas, a un tratamiento específico. El poema «El enmudecido» es símbolo de que
las capacidades para la expresión literaria son asfixiadas:
«Porque se fían tantos / no en el vaso de pírex de la mano, /
que el abecé derrama, / sino en la lengua que despeña loca /
las prendas del garguero / en el gran laberinto de la oreja» (PC, p. 99). El hablante admite que «si cosa real / fuere
al cabo y no sueño», podría revocar «del ave, planta o risco / la afasia por los cielos natural». Está claro que en su
sueño compara el acto de poder escribir e influir en los
poderosos con la habilidad de los chismosos para cambiar
el curso de los eventos que afectan a todos. La idea de qui-
tar la afasia a las plantas, para unirse con los oprimidos
contra los opresores, es la misma que vimos en «¡Cuánta
existencia menos!»: «unirnos todos contra quien nos daña, / al fin en un linaje solamente» (HC, p. 46). El cepo, la
imagen emblemática que aparece con más frecuencia en *Por
el monte abajo*, aquí sirve para dramatizar el aprieto del «enmudecido» que se comunica por escrito (poesía) en una
tierra donde sólo la lengua «parlera» desemboca en la gran
oreja de los que mandan. Sin embargo, tal recurso no disminuye el impacto del deseo de lograr la solidaridad, porque entonces el yo sería «al fin valorado».

La deseada unión con las plantas ocurre, por desgracia,
en la segunda estrofa de la «Sextina Primera», donde se
substancia la opresión universal, incluso la de la naturra-
leza. No es sorprendente la dominación, pero sí su plantea-
miento explícito en el contexto de un designio cósmico, don-

de «aun el alano lo dejan cojo», prepara la transferencia completa de la manera opresiva del cepo al «mustio cuello, tallo, y granito» del «alano, rosa, y risco». La explotación del orbe —humanos, plantas, animales y minerales— moldea una imagen de alcance universal, y eficazmente transforma la lucha individual en lucha mítica entre los de arriba y los de abajo.

La tercera estrofa completa parte de la ampliación evidente de los contornos de la lucha, porque «enanos nos vemos ante el amo» no puede menos que referirse al grupo integrado por los humanos «desvalidos» y la naturaleza. Mientras los efectos hórridos «del gran cepo» no se alivian, se nota la concordancia entre «enanos» y «honduras» que consume el sentido de la imaginería populista, inscrita en el descenso: *Por el monte abajo*. Igualmente, la falta de ocio y el deseo de liberación se condensan aquí en la inhabilidad del «pie cojo / para moverse un palmo». La vara de medir su falta de libertad, representada en el término «palmo», refuerza la imagen de quien, completamente desdoblado por el castigo del «cepo», no tiene más que su propia mano para calcular su encarcelamiento físico y espiritual.

Ya que las variaciones y redundancias que se basan en los motivos de la opresión descubren estas novedades relativas, las reiteraciones de «cepo», por ejemplo, meramente reintroducen sus ásperos componentes: hierro y madera. El patrón se aclara sin más: los oprimidos sufren los infortunios en sus propios cuerpos —«cuello, pie cojo, ojo tuerto, seno»— a la vez que el «pie» del amo/hado se torna en «cepo» y luego en «madera y hierro». En la cuarta estrofa, la postrera mudanza de los desvalidos, cuyos «miembros ya parecen más del cepo», documenta sin ironía que la falta de ocio, por acción de los hados/amos, tiene como consecuencia distorsionar el cuerpo y producir los desperfectos. Aunque la culpa del desperfecto se anota en la cuenta de los que mandan, esta información no representa un momento luminoso. Se ofrece más bien como una triste resignación ante una verdad que suple otra, tratada en la quinta estrofa. La culpabilidad específica del grupo opresor y el hecho de que por obra suya «hacen un solo cuerpo sin más ocio», crea la solidaridad grotesca entre los pigmeos humanos, los animales, las plantas y riscos, que sirve de contraimagen negra a «¡Cuánta existencia menos!». De modo similar, la sexta estrofa elabora de nuevo la imagen de «Cepo de Lima»: «el leño del vil cepo / a la carne remplaza». El terceto «coda» resume plenamente la esperanza del yo que descansadamente continúa su búsqueda mítica de un «breve ocio».

En estos términos esperanzados, el poema cobra aunque amortiguadamente, el tono triunfante con que es capaz de expresarse el indominable espíritu individual. La solidaridad con la naturaleza que ha añorado este individuo para paliar su duelo existencial ya está ortogada por «obra de los amos» y los hados, que «hacen un solo cuerpo sin más ocio» como hemos indicado. El deseo de libertad del yo entonces contiene otros valores. En la pequeña cosmología aportada en la sextina se valora al individuo como miembro de la colectividad de todos los oprimidos e impedidos. A pesar de que el poema comienza y termina con la voz del individuo, es evidente ya que este yo lírico simboliza la colectividad a modo del «fragmento significativo que repite el todo». Pero tampoco queremos decir que el hablante represente al héroe revolucionario de porte mítico. Como un héroe enano, el yo más bien expresa, a través de su sufrimiento personal, el sufrimiento compartido en general por todos los seres empequeñecidos por la acción del amo/hado. Por lo tanto, la persistencia de este hablante en estar «siempre en pos de un breve ocio» dignifica el espíritu que da sentido a la rebelión diaria expresada por la declaración: «pero no cejaré» («En Bética no bella»). Esta fue la noción embriónica que yacía, ambigua, en el poema del Adán postrero. Dado que la «Sextina Primera» se agrega a los otros textos de *¡Oh Hada Cibernética!* y *El pie sobre el cuello* en una suerte de resumen —es-

piral y eco de los quehaceres y protestas anteriores— es lícito recordar esos textos como potenciados ahora por los señalados matices explicativos.

En la colección *Por el monte abajo*, el poema «A mi esposa» (PC, p. 89) aprovecha la ocasión para celebrar un
afortunado resultado de la pequeña rebelión del yo. Go-
zando de un «corto ocio» que le fue concedido por «ventura», el hablante quiere «publicar» las gracias a su esposa,
cuyo amor le permite recobrar «la faz y el seso humano».
El lugar común de que el amor lo vence todo tiene aquí
una aplicación particular que se remonta al efecto indeleble del «microuniverso» sobre el hablante y que toca el
tema de la culpabilidad. La gratitud excepcional de que da
muestras públicamente el marido está en proporción directa a la cualidad excepcional del matrimonio. En efecto, la
esposa ha ignorado simplemente (¿por amor?) que aquél
con quien se juntaba pertencía a otra especie: «en horma
yo lucía de cuadrúpedo, / del hocico a la cola, / exactamente un bruto». Ya que el arriesgado amor de la esposa
le ha ayudado a recobrar el «seso humano», el hablante
«burro» se percata de que: «Tal estado ¿qué? Por los dioses no, / ni en el materno claustro fue jamás, / sino a la
orilla fiera / del Betis que me helaba».

Aunque se nota en «A mi esposa» un tono que concuerda con la ocasión de celebrar no sólo el matrimonio, sino
también el «corto ocio», es difícil percibir la unidad que
caracterice a la «persona» que habla en estos últimos textos, en parte a causa de su varias «mudanzas». Por ejemplo, es cierto que culpar directamente a los «crudos zagales» por su «embrutecimiento» (del esposo) también está
relacionada con aquella «solidaridad» que vimos en la «Sextina Primera». Incluso es razonable y justo exceptuar a la
madre («materno claustro») de esa carga de culpabilidad
embrutecedora, lo cual responde a un previo cuestionamiento ambiguo («Segregación», etc.), del papel de la herencia racial en el empequeñecimiento humano. Pero, ¿por
qué, después de haber nombrado a los «hados» cómplices

de los «amos» en la dominación aplastante, no los incluye en «A mi esposa»? Aparentemente, este individuo, a través de su pugna con la responsabilidad y culpabilidad personales, limita con la división de su ser. Al considerar la «Sextina del Mea Culpa» es evidente que resta todavía otro aspecto de la batalla consigo mismo. «Sextina del Mea Culpa» ocupa el último lugar en la colección *Por el monte abajo* y, según el programa belliano, debe resumir el proyecto de dicha colección y el «microuniverso»:

SEXTINA DEL MEA CULPA

Perdón, papá, mamá, porque mi yerro
cual cuna fue de vuestro ajeno daño,
desde que por primera vez mi seso
entretejió la malla de los hechos,
con las torcidas sogas de la zaga,
donde cautivo yazgo hasta la muerte.

Como globo aerostático en la muerte,
henchida por la bilis de los yerros,
la conciencia saldrá desde la zaga,
y morir cuán cercado por los daños,
del orbe será el más lastimoso hecho,
que suerte no es del ilustrado seso.

Pues son cosas de un aturdido seso
no ser despabilado ni en la muerte
y en verdad es un inaguantable hecho
que adherida prosiga el alma al yerro,
hasta cuando sumido en crudos daños,
el cuerpo pase a polvo en plena zaga.

De los oficios y el amor en zaga,
por designio exclusivo de mi seso,
me dejan así los mortales daños,
aun en el umbral de la propia muerte,
que tal sucede por labrar con yerros
los espesos lingotes de los hechos.

Yo, papá, mamá, vuestros dulces hechos
cuánto agrié por yacer no más en zaga,
perdido en la floresta de los yerros,
y corridos os fuisteis por mi seso,
entre ascuas de rubores a la muerte,
bajo el largo diluvio de los daños.

Porque el error engrana con el daño,
al errar yo os dañé como feo hecho,
os lanzando cuán presto hacia la muerte,
en tanto inmóvil yazgo siempre en zaga,
al arbitrio del antro de mi seso,
donde nacen los más mortales yerros.

Ya mi seso, papá, mamá, en la zaga,
que postrer hecho sea ante la muerte
pagar los daños y lavar los yerros.
(PC, pp. 105-6).

El título introduce la explícita culpabilidad del hablante, confesada a los padres a modo de «Sea así». Esta sextina, que enfatiza la exigencia de confesarse culpable, pone
en duda la identidad del que decía la «Sextina Primera».
Es de tener en cuenta que el sentimiento de culpabilidad
personal, del cual sufre este hablante, radica en su supuesta complicidad con la victimación humana («Sea así», «Los
graves desperfectos»), similar a la que ha sufrido él mismo en manos de los «crudos zagales». En la «Sextina Primera», el hablante parecía haber identificado —para su
su propia tranquilidad— a los culpables amos y hados aje-
nos. Pero al llegar a la altura de la «Sextina del Mea Culpa», vemos al mismo hablante y el mismo mundo, pero con
la diferencia de que siente la necesidad de confesarse culpable de una vez por todas. Desde otra perspectiva, es perfectamente plausible que las premisas de *Por el monte*
abajo, aun permaneciendo dentro de las que componen el
«microuniverso», y la supuesta identidad del hablante, es-
tén en transición, o sea, que la visión del mundo se ha to-

pado justo con la «crisis» de su propia factura. Entre estos textos críticos figura el poema «Bolo del pulpo», en el cual el hablante, transformado en bolo, rememora «el pastor que yo era», como hemos mencionado ya.

Es oportuno recodarle al lector que en vista de lo ya dicho sobre la dinámica función del binomio riesgo/redundancia (Liane Norman), tenemos en la «Sextina del Mea Culpa» la inversión del mismo esquema sugerido. Como decíamos, el lector se arriesga espiritualmente al ponerse a contemplar, en la ficción, la experiencia ajena. El riesgo se compensa con la redundancia lingüística que provee una vía para asegurar la recepción del mensaje/lección inherente a la contemplación ficticia de la experiencia de otros. En la reiteración convencional de la estructura de la «Sextina del Mea Culpa», observamos que el poema produce desconcierto con respecto a la integridad del hablante. La «redundancia» de «Mea Culpa» consume la arquetípica obsesión con los hechos que lleva a cabo la persona que se siente culpable. Ubicado al final de los textos que componen el «microuniverso», reiteramos nosotros que el poema se instala entonces por sobre todos aquellos «hechos» textuales. Teniendo tal perspectiva, de reflexión, el hablante medita sobre su vida, la cual ha sido toda un yerro: «mi yerro / cual cuna».

En la primera estrofa son presentadas las palabras nucleares: «yerro, daño, seso, hechos, zaga, muerte» que resumen y describen los fragmentos de la vida y personalidad del hablante, reconocibles sólo por rasgos de su «furiosa mansedumbre», postergación y aun solipsismo. La pareja «yerro-daño» que liga los primeros dos versos, indica que el hablante cree que su vida errónea ha dañado a los padres al igual que el efecto pernicioso de los amos sobre los impedidos que vimos en la «Sextina Primera». El verse afiliado por medio del «daño» con los opresores es ya suficiente razón para pedir perdón a los padres y confesarse. Pero los suyos deben ser «daños» de orden espiritual y diferentes de los que se atribuyen universalmente al «pie» del amo/hado. La segunda pareja, «seso-hechos», congrega los juegos tan medulares que oponían sueño y vida en varios poemas. En el presente, el acento erróneo de su vida cae sobre la manera en que su «seso» construyó los «hechos». La tercera pareja, «zaga y muerte», propicia la noción de que «último» concuerda con muerte en la concepción de la vida como una progresión. Además, el «zaguero» nos sugiere que el que siempre llega último tiene algún defecto, como vimos en «En este valle de heces». Pero este conjunto se enreda de nuevo con la pareja «seso»-«hechos». Las mismas «sogas» con que tejió la «malla» de los hechos son las que lo tienen cautivo hasta la muerte. Varias observaciones se presentan como elementos aclaratorios: el solipsista construye su mundo cerrado, donde los valores y problemas y toda la malla de los hechos le aisla, le sostiene y le atrapa. Es de notar que la compleja percepción del mundo tiene un notable parecido con la situación descrita para el Adán postrero —«si de mí sólo muerte se evadiera»—, además del paralelo con la idea fija de «Abajo el secreto régimen municipal», el cual, no lo olvidemos, se le apareció en sueños.

Igualmente, cabe pensar que su mismo cautiverio hasta la muerte, había trenzado, a la manera del desperfecto, las sogas de la «malla de los hechos», dejándole de cierto modo inocente (como Alfonso) de responsabilidad. Tal posibilidad armonizaría con los razonamientos de la «Sextina Primera», a la vez que daría por nula la ocasión actual de pedir disculpa a los padres y por tanto examinar la raíz de la responsabilidad propia. Estas especulaciones necesariamente remiten al sentido de la dicción «de vuestro ajeno daño», y se basan en la doble significación de «yerro» —falta consciente o inconsciente. A primera vista «yerro / cual cuna», sugiere que el suyo fue error inconsciente; sin embargo, es indudable la consciente voluntad de entretejer la «malla de los hechos» implicados en su «yerro». Parece lógico adelantar que este nudo indeterminado apunta al «daño» que ha hecho el hijo a la memoria paterna, es decir al nombre del linaje. El hijo, por sus yerros, no ha llegado en la vida a tanto como esperaban sus padres. En el presente contexto ampliado, tal posibilidad apunta por igual a su oficio de poeta como a su falta de ascenso social: conduce entonces a lo mismo: ser poeta y ser zaguero —ir a la zaga— son sinónimos en la sociedad actual.

La segunda estrofa elabora esta línea de expresión. Los primeros tres versos, de algún parecido con «Expansión Sonora Biliar», evidencian la contaminación del conocimiento («seso») por el detritus del «yerro» y documentan el autoconocimento que posterga al hijo en todo. Los últimos tres versos de la estrofa exhiben no sólo sus esfuerzos para educarse, sino, además, la noción de que la ilustración no erradica los daños humanos. En total, sólo después de que ha muerto —declara con ironía el hablante— verá flotar el «globo» de su conciencia llena de sus yerros. Su ignorancia del «yerro» en la actualidad contrasta con el hecho de que se consume en la ilustración vana. El hijo parece resignarse a continuar con su vida errónea. Aunque sería el más lastimoso hecho del mundo morirse rodeado de daños, así tiene que ser porque él se obstina en la ignorancia que le aporta su autoconocimiento.

Varias de estas ideas se completan en la tercera estrofa, que representa otra resignada confesión de incapacidad: admite que su seso está aturdido, y que ni en la muerte es capaz de desengañarse. Asimismo, confiesa que, «inaguantable», su alma continúa en el error. Tanto «despabilarse» de esta manera como confesarse, suscitan tantas interrogantes como aclaraciones. Si la estrofa entera, pues, no conlleva un «despabilamiento», ¿que espera de la lucidez? Si su seso está aturdido, es evidente que esto mismo obstacularizará su desengaño, pero ¿cómo llega a estar aturdido? O, si está realmente aturdido, ¿cómo llega a desahogarse, consciente de que así lo hace? En fin, si es «inaguantable» que «prosiga el alma al yerro», ¿cómo lo está aguantando? La única respuesta posible es que ha de confrontarse y liquidar la deuda. En suma, aunque sí pretende rectificarse con respecto a la memoria de los padres, todavía lucha con el hecho de que, a pesar suyo, llegará a la muerte sin poder cambiar nada.

Los complicados razonamientos de la sextina recuerdan la manera y el tono de poemas anteriores como «Variaciones» y «Segregación», entre otros, y dejan la impresión de que estos versos se componen teniendo presente la «malla» de los textos precedentes, integrantes de su «vida» de pastor/poeta.

En la cuarta estrofa, el hablante reitera su mea culpa: muere de los daños del amor y del oficio por «designio exclusivo» de su seso. Pero reconocemos que los daños que producen los oficios se deben al peso del «cascudo pie» del dueño, y, por cierto, llegar al «amor en zaga» se debe a la falta de ocio que sufrió el «pastor» en la «bética no bella». Ya que el hablante confiesa una culpa que antes pertenecía a otros, caemos en la cuenta de que éste quiere «embebecerse» en el dolor tal como contrató en «Sea así». El yerro de su vida, se concluye, es la exagerada autoconciencia que ocasiona «labrar con yerros / los espesos lingotes de los hechos». Es decir, hacer las cosas con torpeza, con el «designio» propio de su manera de entenderlas.

Sin embargo, en las estrofas cinco y seis, el «yerro» cobra valores más concretos en relación con los padres y aun con el sentido de la «salvación» que hemos asociado con la poesía. En la quinta, el yo, señaladamente, apela a los padres para explicar y presentar su yerro. Aparentemente el yerro consistió en no llegar a ser nada en la vida, «yacer no más en zaga», o como dice el poema «En tanto que en su hórrido mortero»:

> ....
> *aunque cebado me hayan mis mayores*
> *con la perdiz moral,*
> *no sobrepujo nada,*
> *ni aun de la arena un corto grano oscuro.*
> (HC, p. 43).

«No sobrepujo nada» cercena los «dulces hechos» de los padres, que incluyen los esfuerzos para que «sigamos todo el tiempo en el linaje humano» («Papá, mamá»), y aunque el hablante, al parecer, ha errado repetidas veces, desea optar por «una faz de olmo», o sea, esfumarse en la naturaleza en una suerte de puro escapismo. El yo, entonces, ha estropeado la memoria de los padres, y sus esperanzas para generaciones futuras se echan a perder porque al hijo se le ha ocurrido ser poeta y «yacer en la zaga» de la sociedad. No hay que olvidar, en el contexto planteado, el exagerado sentido de justicia de este individuo, ya padre, quien ha dicho:

> ....
> *pues quiero que en su seso mi progenie*
> *por quien boto yo el bofe, tal conmigo*
> *a la sazón mis trasudados padres,*
> *o al presente, ¡ay infatigable muerte!,*
> *cobijar pueda, bien que muy lejana,*
> *de mi siquiera una leve memoria.*

(«Poema», PC, pp. 76-77).

Estas muestras ponen en clara evidencia la razón por la que está «perdido en la floresta de los yerros», cuando confiesa a sus padres «y corridos os fuisteis por mi seso». Se entiende, por lo tanto, la mixtura metafórica de su justo castigo doble, de «ascuas» y «diluvios», expuestos en la quinta estrofa: «entre ascuas de rubores a la muerte, / bajo el largo diluvio de los daños». Es justo que se «queme» de vergüenza ante la muerte, debido a tal conducta, y que se «ahogue» a la vez en el «diluvio de los daños» no porque no haya llegado a nada en la vida, sino porque su yerro lo ha conducido a la hipocresía. Su «pavor» y «vergüenza» confesados en «Sea así» completan aquí su curso natural.

La sexta estrofa presenta el entramado férreo del error que daña «como feo hecho». Estas confesiones puntualizan los acumulados yerros e iluminan el sentido de lo «inaguantable» de esta situación. A fin de cuentas, ha llegado la hora de confesarlo todo y «pagar los daños». A pesar de lo dicho, el individuo, además, admite en la sexta estrofa que todavía «yace siempre en zaga» y que todavía está bajo el dominio del «antro del seso», donde nacen «los más mortales yerros». Su yerro sesudo concuerda con «En vez de humanos dulces», que mostraba justamente el frustrado deseo de liberarse de la tradición de los mayores y de aventar a los padres de su memoria. Cabe considerar también la hipérbole del verso tercero de la sexta estrofa: «os lanzando cuan presto hacia la muerte». ¿Realmente cree el hijo que ha precipitado la muerte de los padres por obra de su feo hecho? Puesto que la sextina termina con la nota constructiva de tomar medida de las cosas, sumarlas y sopesarlas, resta poner en la balanza la contradictoria verdad de este individuo, que se oculta desnudándose, según Julio Ortega (*Figuración*, p. 133).

El contexto de la «Sextina del Mea Culpa» contiene un sentido religioso, en vista del título, y por el hecho de que la raíz del yerro se pierde en la brumosidad que envuelve las dicciones «mi yerro / cual cuna / ... / desde que por primera vez mi seso / entretejió la malla de los hechos». El error que es su vida desde la «cuna» (nacimiento en pecado), se enreda con el deseo de saber, de ilustrarse, el cual pervive, como la culpa, hasta los versos finales del poema. Aunque declara el «pecador» que el último acto de su vida será «pagar los daños y lavar los yerros», los versos precedentes (de la estrofa seis) desmienten su capacidad para cumplir con la palabra dada. Los «mortales yerros» del seso equivalen al sentido egoísta del yo, y este yo postrero se consume en la autocrítica. Al admitir que yace bajo el dominio del propio seso («al arbitrio del antro de mi seso») sediento de saber, el hablante, igualmente, pone de manifiesto la conciencia de que su vida ha sido un yerro por «designio exclusivo de mi seso». Este es un callejón sin más salida que la confesión de la cual nutre la poesía. Esta «capacidad negativa» se retrata en la figura del poeta, «El atarantado»:

....

Tarumba vuelto, en fin, y ya sin fuegos
por yerros de la cuna hasta la tumba,
y en tanto despabílome
no más con estos versos.
(PC, pp. 87-88).

Así que a pesar del trasfondo aparentemente religioso, falta por completo en la sextina, tanto como en el «microuniverso», alguna figura o función religiosa. Sólo están para ello, el hombre (Adán postrero modernizado), y su única salvación, o sea, la poesía. Naturalmente, el seductor placer de salvarse por la palabra —«cuándo harás que los huesos de mi mano...»— simplemente desemboca en el conocimiento del yerro con el que ha dañado a sus padres, y se inicia otra vez el descenso al mismo infierno de esa realidad.

Al reflexionar sobre aspectos claves de su vida, el hablante pone en evidencia aquel doble aspecto con que percibimos la arcádica y horrible Lima. Siendo así, es oportuno examinar la diferencia que hay entre la «Sextina Primera», que claramente echa la culpa de los daños y desperfectos humanos a los pies de los amos y hados, y la «Sextina del Mea Culpa». Este último poema simplemente da por sentado un sentimiento personal de culpabilidad al modo del pecado original, el cual se opone al sentido ético colectivo vislumbrado en poemas como la «Sextina Primera» y otros de esa índole social. La contienda entre el materialismo —no sólo histórico, sino cientifista («Robot Sublunar»)— y el idealismo metafórico y teológico, figura en la obra de Belli desde sus comienzos. Con el aporte de la pequeña colección *Dentro y Fuera*, es posible ver divididos nítidamente en un mismo sujeto los quehaceres sociales y los internos o familiares. Las dos sextinas, por lo sugerido, condensan los postulados que ha tratado de conjugar

este hablante sin éxito. El personaje que ha creado Belli
lucha por encontrar la unidad, y las aparentes contradicciones que se adhieren a su alma son señales de esa lucha.
De hecho, su visión del mundo está en crisis, o como ha dicho Abelardo Oquendo, el hombre belliano se aproxima ya
a su fin («Conyuntura», p. 26), como se puede ver al cote-
jar las dos sextinas. Desde luego que el personaje casi siempre ha estado a la espera de la muerte inminente, pero la
diferencia radica en la paulatina desmembración de la ilusoria integridad de su voz a partir de la «Sextina del Mea
Culpa», puente que liga *Por el monte abajo* con *Sextinas
y otros poemas* y de ahí a *En alabanza del bolo alimenticio*.
Los esfuerzos de este hablante por encontrar la clave que
unifique todo se desploman. Al confrontarse en la «Sextina
del Mea Culpa», como lo hizo en «Robot Sublumar», esta
«persona» contempla una ilusión. La tentativa vana de «pagar los daños y lavar los yerros» raya con la muerte de
esa ilusoria figura. Recordemos que la responsabilidad del
escritor —señalada por Liane Norman— radica en enseñar
mediante la redundancia de materiales que descubran al
lector los inadvertidos contornos de su propio ser. Belli,
en cambio, empleando la «redundancia» pone al lector en
el peligroso desconcierto de contemplar a una figura que
ha asumido la responsabilidad de unificar lo que no se
puede unificar. Sencillamente tenemos que aceptar que la
única unidad visible en estos poemas es el anhelo humano
frustrado a cada paso. Belli representa la dinámica de esa
frustración a la vez que la examina. La trayectoria de esta
obra nos ha traído a un momento indeterminado, nos ha
conducido al abismo sobre el cual se fundó un proyecto
integrado por postulados claves de la modernidad.

M. Hamburger nos recuerda que Baudelaire fue «padre» y prototipo del poeta moderno «whose vision is at
once sharpened and limited by a high degree of critical
self-awareness»[5]. Baudelaire transmitió a la lírica moder-

---

[5] Hamburger, *Truth*, p. 1. En este párrafo me baso en las ideas
expresadas en las páginas 2 y 4.

na su propio dilema y confusión sobre la función de la poesía y sobre la identidad del poeta y del hombre. Hamburguer además atribuye a Baudelaeire, gracias a su reflexión sobre posturas revolucionarias y aristocráticas, lo que en la actualidad conocemos por el nombre de las dos academias: la poesía social y la «pura».

Teniendo en mente los juegos característicos de la obra de Belli, comparemos el procedimiento de la autoironía en dos poetas franceses que siguieron, a su modo, el impulso de Baudelaire; me refiero a Corbière y a Laforgue. En general, la soledad que hemos examinado con respecto a las visiones tempranas del «microuniverso», concuerdan con la situación que Corbière expresa así: «a lover who has no beloved» (Hamburger, p. 47). Naturalmente que tanto la proyección de Corbière como la de Belli se refieren a aspectos particulares de sus respectivas obras. Sin embargo, a pesar de que la representación belliana admite en etapas posteriores de su «microuniverso» la presencia de la amada-esposa, este hecho simplemente agrega otra dimensión expresiva, y no afecta el recuerdo del pasado sufrimiento del hablante. Tendría que observarse, además, que la esposa presente en textos tardíos permite desarrollar facetas del personaje «embrutecido», la especial deshumanización belliana que remite a los inicios del hibridismo de especie y que culmina justamente en «A mi esposa» y luego en el matrimonio abstracto que veremos a continuación. No obstante, en el mismo contexto, la factura poética de Belli se acerca a esta declaración de Laforgue, transcrita y comentada por Hamburger: «...Laforgue lamented that 'his great metafisical distresses had been reduced to little domestic worries'; that was his strength as a poet, since the metaphysical concerns were not lost, but merged in an imagery that related them to the everyday life of others» (p. 54). El experimento de Laforgue con la multiplicidad del «yo» llega mucho más lejos que el de Belli, por lo menos en esas primeras etapas. En cambio, Belli adorna, a la manera barroca, lo que son lugares comunes y actitudes del personaje único circuns-

crito por los problemas cotidianos del hombre/poeta que
vive en una comunidad que dista mucho de la sociedad de
fines del siglo XIX. Los puntos de contacto y de distanciamiento entre los dos escritores se acortan de esta manera.
En un largo poema titulado *Dimanches*, Laforgue, en el
papel del «Lord Chancellor of Analysis», organiza un descenso a sus profundidades y allí encuentra varios «yo», todos distintos. En el mismo poema aparece el verso: «... et
ce sieur que j'intitule / Moi, n'est, dit-on, qu'un polypier
fatal!» (Hamburger, p. 54). Entre los últimos poemas de *Por
el monte abajo* la «persona» belliana se torna en «Bolo del
pulpo»:

> Del colérico pulpo
> el esférico y hórrido casquete,
> atónito yo miro,
> desde que me haló repentinamente
> el tentáculo octavo,
> y en bolo alimenticio fui mudado.
>
> Aunque así convertido,
> las penas corporales rememoro
> del pastor que yo era,
> cuando en el globo sublinar yacía,
> en los cepos cautivo
> del neblinoso valle de mi cuna.
>
> Pero si como nave
> el bolo tal sortea cuán seguro
> el cabo de las tripas,
> no mediano pastor me rememoro,
> sino cual mayoral,
> en el fúlgido valle entronizado.
>
> Pues, hado mío, cuándo,
> bien que bolo del pulpo sea siempre,
> ya jamás haya al fin
> estos pies el ajeno cuello hollando,
> o este cuello yacer
> bajo los pies ajenos de los amos.
>
> (PC, p. 96).

DESILUSIÓN Y DISOLUCIÓN

El punto de vista del hablante ha cambiado estando ya en «el esférico y hórrido casquete» del pulpo, porque no es pastor y el globo «sublunar» donde estaba cautivo vive únicamente en su recuerdo. Se acuerda de su estancia en el «fúlgido valle entronizado» como mayoral. Está claro que la postrera transformación, lejos de distanciarlo, simplemente incorpora lo que su memoria distorsiona y lo que su espíritu atacaba. La memoria engaña con suma y concluyente ironía. Lo que antes era «la bética no bella» sigue siendo objeto de una evocación arcádica, tan censurable cuando el «mayoral» era «pastor». El inevitable proceso de olvidar cómo eran las cosas implica el proceso de navegar al «cabo de las tripas» del pulpo. En otros términos, comparte la realización de un proceso de transformación y de distanciamiento de lo que fue, y dicho proceso se observa en *Sextinas y otros poemas*. La «persona» belliana se disipa en esa colección, y es posible contemplar la «traición» del hablante en «El Olvidadizo»:

> *Yo cuánto olvidadizo soy ahora*
> *con el rocín, la acémila, el pollino,*
> *a cuyo lado pata a pata vivo;*
>
> *pues pese a nuestros lazos quiere ser*
> *un miembro de la ajena grey contigua,*
> *la que sólo se jacta, ríe y manda.*
>
> *Disculpadme, cuadrúpedos, os pido,*
> *por pretender abandonaros pronto,*
> *librándome del látigo que arrea;*
>
> *que a fe por mi remota sangre humana,*
> *la erial ingratitud mal grado porto,*
> *y terminaré dándoos las espaldas.*
>
> (S, p. 33).

La pretensión de «abandonaros pronto», dirigida al «rocín, la acémila, el pollino», sin duda, deriva del estímulo del amor humano, cuyo efecto llega a remover su «remota sangre humana». Con resistencia se acepta el deseo característico del ser humano de distanciarse de los «hermanos» con quienes vive «pata a pata» y de infiltrarse en la «ajena grey contigua» de los amos. Sin embargo, al humanizarse pierde la tenue inocencia y la bondad, ahora traicionadas justamente por «la erial ingratitud» que el «olvidadizo» mal acarrea.

La ingratitud también pesa sobre el poema «En el coto de la mente», que sirve para ejemplificar la desaparición del hablante:

> En las vedadas aguas cristalinas
> del exclusivo coto de la mente,
> un buen día nadar como un delfín,
> guardando tras un alto promontorio
> la ropa protectora pieza a pieza,
> en tanto entre las ondas transparentes,
> sumergido por vez primera a fondo
> sin pensar nunca que al retorno en fin
> al borde de la firme superficie,
> el invisible dueño del paraje
> la ropa alce furioso para siempre
> y cuán desguarnecido quede allí,
> aquél que los arneses despojóse,
> para con premeditación nadar,
> entre sedosas aguas, pero ajenas,
> sin pez siquiera ser, ni pastor menos.
>
> (S, p. 27).

El título del poema propone un contexto psicológico para la representación de un pequeño drama alegórico sugestivo y reminiscente del «surrealismo» de poemas tempranos como «El aviso las señales». Los valores puramente plásticos de la imagen presentada, junto con la soltura de los versos endecasílabos, que fluyen como el proceso mental observado, refuerzan la relación realidad («paraje») e irrealidad («aguas cristalinas»). Dicha relación focaliza la descripción de un cambio de piel que literalmente es un cambio de ropa y de identidad. La narración es sencilla: un personaje se lanza a las aguas para disfrutar libremente de ellas como «delfín», símbolo de la salvación. Tanto el pez como el ave, ambos frecuentes en esta poesía, tienen que ver con un campo de significaciones simbólicas similares, es decir, con la comunicación entre lo superior y lo inferior, comunicación traducida en términos de la relación entre las «aguas cristalinas» y el «paraje». Antes de zambullirse, el bañista guarda cuidadosamente su ropa («arneses»), que lo protege y lo identifica en el mundo. «Arneses» además de aludir a la condición de «pastor» que el nadador era, es vínculo suficiente para señalar el «microuniverso». El empleo del vocablo «arneses» doblemente connota ese espacio, es decir, que significa a la vez los arreos de los animales de carga y también la ropa protectora de la «lucha» para vivir en aquel mundo. Pero al regresar a la superficie en el «exclusivo coto», se encuentra con que el «invisible dueño» le ha robado la ropa, dejándolo «cuán desguarnecido». Al verse desnudo, sin protección ni identidad, el bañista toma la decisión («con premeditación») de reentrar a las aguas desconocidas, dejando atrás su antigua identidad.

El texto se organiza alrededor de la narración mediante verbos en infinitivo, de acuerdo con la interioridad del drama. Este procedimiento, además, sirve para enmascarar la voz del que dice los versos, realizando así la escena y la relación entre el «invisible dueño del paraje» y el nadador. Aunque se vislumbra una transformación de la identidad del nadador, en sentido estricto nadie ha tomado esa decisión a priori. El que de «los arneses despojóse», los guardó cuidadosamente con plena intención de regresar y vestirse de nuevo con la ropa que lo identifica y lo protege en el «mundo». El «invisible dueño» se vincula con el nadador porque —conjeturamos nosotros— las aguas son «vedadas» y ésa ha de ser la razón por la cual el «dueño», por ingratitud o en represalia, «alce furioso para siempre» la ropa del otro. En consecuencia, cuando el que nadaba como «delfín» regresa a la superficie, forzosamente confronta una nueva realidad: su falta de identidad. En ese momento, y con «premeditación», el nadador se lanza a las aguas sin ser pez ni pastor, abriendo paso a la posibilidad de nuevas exploraciones en el «exclusivo coto de la mente».

Ahora bien, el procedimiento de enmascarar la voz del hablante, que es al mismo tiempo el «invisible dueño» y el nadador que era «pastor», se transparenta porque se reconoce detrás la figura del escritor Carlos G. Belli. Este cambio de óptica conjuga perfectamente con el drama de la transformación que acabamos de ver. En el «microuniverso», el personaje del pastor/poeta participaba de un dilatado esfuerzo artístico por reproducir una realidad empírica (la de Lima) en los términos metafóricos que vinculaban la interioridad y la exterioridad del hombre y de la ciudad. Aunque claramente esa representación incluía informes que tocaban la vida de Belli, la fuerza de la imagen dependía del personaje pastor/poeta y del «mundo» limeño, y no de la personalidad del hacedor de los poemas. En el poema «En el coto de la mente», en cambio, Belli ha dejado de imaginar los ilusorios contornos limeños al concentrarse en el propio «paisaje» mental. Eso hace posible que se produzca el cambio de piel en el personaje poético, en cierto sentido independizado ahora, sin que sea necesario desmantelar ni el espacio creado ni el experimento de conjugar la modernidad y la tradición poéticas.

Para extremar el contraste, contradicción y abstracción de poemas en transición, en la «Sextina de los desiguales» el poeta emplea varias objetividades reconocibles del «soto» limeño como máscara para expresar la eterna búsqueda de la cópula deseada y siempre esquiva:

SEXTINA DE LOS DESIGUALES

Un asno soy ahora, y miro a yegua,
bocado del caballo y no del asno,
y después rozo un pétalo de rosa,

con estas ramas cuando mudo en olmo,
en tanto que mi lumbre de gran día,
el pubis ilumina de la noche.

Desde siempre amé a la secreta noche,
exactamente igual como a la yegua,
una esquiva por ser yo siempre día,
y la otra por mirarme no más asno,
que ni cuando me cambio en ufano olmo,
conquistar puedo a la exquista rosa.

Cuánto he soñalo por ceñir a rosa,
o adentrarme en el alma de la noche,
mas solitario como día u olmo
he quedado y aun ante rauda yegua,
inalcanzable en mis momentos de asno,
tan desvalido como el propio día.

Si noche huye mi ardiente luz de día,
y por pobre olmo olvídame la rosa,
¿cómo me las veré luciendo en asno?
Que sea como fuere, ajena noche,
no huyáis del día; ni del asno, ¡oh yegua!;
no vos, flor, del eterno inmóvil olmo.

Mas sé bien que la rosa nunca a olmo
pertenecerá ni la noche al día,
ni un híbrido de mí querrá la yegua;
y sólo alcanzo espinas de la rosa,
en tanto que la impenetrable noche,
me esquiva por ser día y olmo y asno.

Aunque mil atributos tengo de asno,
en mi destino pienso siendo olmo,
ante la orilla misma de la noche;
pues si fugaz mi paso cuando día,
o inmóvil punto al lado de la rosa,
que vivo y muero por la fina yegua.

¡Ay! ni olmo a la medida de la rosa,
y aun menos asno de la esquiva yegua,
mas yo día ando siempre tras la noche.

(S, pp. 61-62).

Ya es evidente como el poeta tiene «mil atributos de asno», pues a pesar de que más arriba se despide de los cuadrúpedos, ha sufrido una amplia asociación con las acémilas. Igualmente prolongado ha sido su deseo de aniquilarse en la naturaleza del «soto», y aquí la grandeza del «olmo» sirve para valorizar todos aquellos deseos que además se reconocen como motivos simbólicos de la unión amorosa (metáfora del olmo y la vid entrelazados) en la poesía pastoril. Su condición de ser día o diurno, también tiene una historia que se remonta hasta poemas como «El aviso las señales», e incluye los quehaceres que giraban en torno a la ilustración. En breve, es previsible que como «asno» quiere a la «yegua», y como «olmo» desea a la «rosa». Como las otras sextinas que hemos visto, ésta se coloca al final del poemario (en este caso *Sextinas y otros poemas*) y sintetiza algún aspecto importante del mismo. En su conjunto estas lecturas (de las «Sextinas») incorporan los fundamentos de la etapa media de la obra belliana: la injusticia que hay en el mundo y que aplasta a los seres vivientes; unida a esa injusticia está la culpabilidad del hombre/poeta, cuya vida de trabajo y de poesía ha sido un yerro. Este conjunto desemboca en la esquividad, en oposición al *coincidentia oppositorum*, la esencia de la situación del deseo y del amor correspondidos.

La nítida eficacia del último verso, «mas yo día ando siempre tras la noche», sugiere la cualidad de una poesía cuyo seno cobija ese esencial dualismo antitético. La oposición día/noche engendra otras en la forma más sencilla y directa posible. La metáfora del deseo inscrita en el disfraz «día» para el hombre ejemplifica la dinámica del verso de Martí: «el universo / habla mejor que el hombre». El yo que se enajena en el luminoso día describe el eterno ciclo natural que fundamenta el programa complejo de dar expresión a la fugacidad del día/hombre en continua búsqueda inútil de la cópula con la sensual oscuridad nocturna.

El poema «A la noche» profundiza justamente el sensualismo de esa unión anhelada:

Abridme vuestras piernas
y pecho y boca y brazos para siempre,
que aburrido ya estoy
de las ninfas del alba y del crepúsculo,
y reposar las sienes quiero al fin
sobre la Cruz del Sur
de vuestro pubis aún desconocido,
para fortalecerme
con el secreto ardor de los milenios.

Yo os vengo contemplando
de cuando abrí los ojos sin pensarlo,
y no obstante el tiempo ido
en verdad ni siquiera un palmo así
de vuestro cuerpo y alma yo poseo,
que más que los noctámbulos
con creces sí merezco, y lo proclame,
pues de vos de la mano
asido en firme nudo llegué al orbe.

Entre largos bostezos,
de mi origen me olvido y pesadamente
cual un edificio caigo,
de ciento veinte pisos cada día,
antes de que ceñir pueda los senos
de las oscuridades,
dejando en vil descrédito mi fama
de nocturnal varón,
que fiero caco envidia cuando vela.

Mas antes de morir,
anheloso con vos la boda espero,
¡oh misteriosa ninfa!
en medio del silencio del planeta,
al pie de la primera encina verde,
en cuyo leño escriba
vuestro nombre y el mío juntamente,

y hasta la aurora fúlgida,
como Rubén Darío asaz folgando.
(S, pp. 37-38).

Los versos endecasílabos y heptasílabos descubren una fluidez plástica, ausente de los versos entrecortados y jadeantes de los poemas de pura reflexión angustiada que integran los libros precedentes. El poeta encuentra entonces, con «En el coto de la mente», un tono nuevo, que se ha gestado en los átomos más inadvertidos de esta poesía, y que se lanzan hacia una nueva expresión basada en el armazón de todo lo que fue el personaje y su lenguaje.

Las cuatro estancias documentan el clasicismo —nuevo retorno a la base ideal de fundación— de este poema de la naturaleza y del amor. El hablante pretende seducir a la noche con voces de un sensualismo físico posible sólo en la visión de la noche que existe en la «Cruz del Sur / de vuestro pubis aún desconocido». La sutileza del quiasmo real-ideal, es similar a los consagrados hibridismos anteriores, pero a diferencia de ellos no se apoya tan señaladamente en la combinación léxica, sino en la conjugación del hombre y la noche, suficiente símbolo de sí misma. Aunque no fue repentina la atracción de la noche —el yo llegó al orbe con ella «de la mano / asido en firme nudo»— sólo ahora siente el poeta el aburrimiento con que ha esperado a «las ninfas del alba y del crepúsculo», es decir, las que habitan ambos extremos del día. Lo que ahora anhela el yo es el «secreto ardor de los milenios», y su alcance de analogía cósmica y misteriosa seguramente hace palidecer el amor de las ninfas frívolas. Es hora de reclamar a la noche, a pesar «del tiempo ido» —proclama el celoso—, porque no posee «ni un palmo de su cuerpo y alma». La segunda estrofa plantea el mérito del poeta en comparación con los «noctámbulos», porque aunque ha corrido detrás de las nifas diurnas ha sido constante en su admiración por la noche. Debido al símil con que terminan los versos («y hasta la aurora fúlgida, / como Rubén Darío asaz folgando») podemos vislumbrar el contenido alegórico de las referencias al «tiempo ido», a los «noctámbulos», y de ahí a la identidad del yo hablante. El poema, por medio de la alusión al «tiempo ido», hace referencia a la época anterior al «microuniverso», o sea, a la época de «El aviso las señales», cuando en la bruma el poeta se perdió en la floresta («soto») de su errónea vida. Ahora quiere, como aquellos poetas «noctámbulos» —posible referencia a modernistas como Darío—, gozar de la noche.

La tercera estancia confirma la «crisis» que está sufriendo el poeta y su revisión del «soto» limeño que él mismo construyó. También la necesidad de dejar «en vil descrédito» su «fama / de nocturnal varón», pone en claro la exageración con que el poeta contempla su propia muerte: su fama de «nocturnal varón» aparentemente atañe al juicio de la «oscuridad» de su poesía, y se entiende que la envidia del fiero ladrón alude a una oscuridad que el poeta quiere desacreditar, es decir, aquel oscuro «microuniverso».

Por lo tanto, con un gesto romántico, el poeta, antes que la muerte escriba los dos nombres —el suyo y el de la noche— en «la primera encina verde», consuma en letras la boda con la misteriosa ninfa para folgar con ella «como Rubén Darío». La caída del edificio junto con su muestra de desinterés en los orígenes (genéticos) y la identificación con Rubén Darío comportan un regreso «simbólico» a los inicios del modernismo en esta poesía. A la manera de «Yo soy aquel», y consciente del paralelo, el poema revalida todas su pretensiones y premisas juveniles a la luz de su disolución. Aproximarse así a lo desconocido es un modo de limpiar los yerros y pagar los daños. La deseada semejanza con «Rubén Darío asaz folgando» apunta al hecho de que Darío fue uno de los poetas que convalidaron el papel social del poeta en la sociedad hispanoamericana. Acaso Belli aquí se deja llevar hacia esa identidad purificada: el poeta pone a un lado sus preocupaciones inquietantes para poder hacer poesía. Si hay novedad en el acto de abrazar a la noche desconocida, es simplemente porque se divisa allí el comienzo de la identificación con el poeta, que por sí solo ocupa el espacio de la poesía propia. Contando con el paralelo con Rubén Darío, que reflexiona sobre su etapa de cisnes y princesas («Yo soy aquel...») en *Cantos de vida y esperanza*, afirmamos que Belli va llegando a una situación similar, pero invertida. Claro que Belli critica el modelo del «microuniverso» construido con los materiales del deseo ilusorio de juntar en lenguaje-visión el pasado y futuro que conllevaba un presente imposible. Su autoironía igualmente venía criticando a ese mismo personaje hombre/poeta que complicaba y confundía su papel en el espacio señalado. En «A la noche», tenemos una indicación de que quiere desacreditar aquel «tiempo ido» y dejar atrás aquella construcción que cae como un edificio humano desde lo alto. Pero también hay que advertir que el «soto» bucólico permanece, aunque estilizado, y el nexo de la problemática situación humana queda intacto también. No sabemos en verdad quién o qué surgirá como hablante en los textos posteriores. Las señales contradictorias indican que aquella conciencia tan atormentada con quien se identifica la obra belliana, empieza a despedazarse en los fragmentos de una identidad que deja de estar adherida a su centro. No quiere decir que los fragmentos ya no signifiquen, sino más bien que cada uno significa a su manera. Son las astillas de la idea moderna de la poesía, que indican nuevas direcciones, o, en contrario, que apuntan el regreso a una voz clásica e impersonal. El lector decidirá; pero no hay duda de que ese regreso comienza donde terminó el largo alcance del Modernismo, y parece orientarse en la dirección de sus comienzos.

El poeta francés St-John Perse —observa Hamburger— cree que el poeta ejerce el papel de aquél que carga con el sentimiento de culpabilidad social en nuestra era. Hemos pretendido dibujar la figura belliana que asume la lucha por dentro y por fuera con el autoconocimiento de la responsabilidad. Según Hamburger, St-John Perse (entre otros) cree que la poesía es un verdadero modo de conocer, y que ambas, la ciencia y la poesía, plantean las mismas preguntas frente a los mismos problemas. Perse es un poeta de la eterna recurrencia nietzscheana y su poesía de la primitiva experiencia humana y de los procesos naturales aprecia la enajenación que existe entre el hombre temporal y el atemporal, que provoca el estado de conciencia culpable (*Truth*, p. 297). El *Libro de los nones*, poemario que se publicó primero con la antología *¡Oh Hada Cibernética!* (1971), y que luego salió en forma modificada en *En alabanza del bolo alimenticio*, se inicia con el poema «La cara de mis hijas», que retoma un aspecto de esta temática, pero reformulando toda su proyección:

> *Este cielo del mundo siempre alto,*
> *ante jamás mirado tan de cerca,*
> *que de repente veo en el redor,*
> *en una y otra de mis ambas hijas,*
> *cuando perdidas ya las esperanzas*
> *que alguna vez al fin brillará acá*
> *una mínima luz del firmamento,*
> *lo oscuro en mil centellas desatando;*
> *que en cambio veo ahora por doquier,*
> *a diario a tutiplén encegueciéndome*
> *todo aquello que ajeno yo creía,*
> *y en paz quedo conmigo y con el mundo*
> *por mirar ese lustre inalcanzable,*
> *aunque sea en la cara de mis hijas.*
>
> (BA, p. 9).

El sistema de referencias de la situación del poema encarna la totalidad de la pasada visión del yo; su presente reflexión le quita la oscuridad y sufrimiento de aquella temporada «cuando perdidas ya las esperanzas / que alguna vez al fin brillará acá / una mínima luz del firmamento». El texto constituye una epifanía que reluce en el modo directo y sencillo de su expresión: «y en paz quedo conmigo y con el mundo».

La paz a la cual se refiere surge de la luz que el hablan-

te/padre percibe en la cara de ssu hijas. Es esa «luz del firmamento» que nunca llegó para desatar «lo oscuro en mil
centellas». Esa oscuridad, aunque semejante a la oscuridad
nocturna, más bien alude a la sombra que le cae en el alma
y que distorsiona su percepción del mundo. De ahí que
éste no haya cambiado: es el mismo cielo, el padre es el
mismo, su esperanza igual, sus hijas las de antes. Incluso
no hay duda de que el molde lingüístico de su hablar mantiene su verso preferido, el endecasílabo, y la silva de siempre; y hasta se notan vocablos del «microuniverso» («do-
quier», «tutiplén») que ahora se engranan de acuerdo con
el profundo cambio espiritual revelado por el texto. Los
versos fluyen con la confianza que emana de la paz alcan-
zada por fin y que dignifica el papel «confesional» de esta
voz. El personaje, ¿es entonces el mismo cuando es cegado
por el brillo «de todo aquello que ajeno yo creía» y que
ahora se refleja en la vitalidad de la cara de las hijas? Esa
luz que era virtual «en este cielo del mundo siempre alto»,
pero que nunca alcanzó el Hada Cibernética, termina por
reparar la enajenación que, según Perse, existía entre el
hombre temporal y el hombre atemporal. La inalcanzable
luz irradia ya en un espacio temporal, pero no es el momento moderno autoconsciente, sino simplemente aquello
ajeno que es presente. ¿Podemos decir que es la salvación
eterna hecha presente? ¿O es otra visión pasajera como la
oscuridad que le caía en el alma y que torcía las sogas con
las cuales entretejía el pastor/poeta la «malla de los
hechos»?

Hay que advertir, sin embargo, que otro riesgo inherente a los poemas es el de buscarles una unidad ficticia.
La rotación de estos signos parece incidir desde siempre en los vericuetos de la luz y de la oscuridad. Si bien
hemos señalado la disolución del personaje poético, que
llega a ser intermitente en medio de estas voces, también
hay que indicar la necesidad de desvirtuar la suma unidad de la obra anterior. Por eso la búsqueda de unidad
de los textos es un gesto que el mismo hacedor-poeta

ha inscrito en el tuétano de su verso y con el cual está en contienda.

«Ni de cien mil humanos» logra ganar la batalla contra la búsqueda de unidad al invertir los términos del rastreo. Mañana, cuando el personaje se vea ausente del planeta, la unidad de la poesía tendrá que buscar a un yo. También el texto ha de buscar un lector nuevo. El lector antiguo, autoconsciente de su papel de lector, se pierde en el poema:

> Ni de cien mil humanos yo quisiera
> el recuerdo cordial cuán codiciado,
> ni aun de la fiera, risco o planta,
> mañana cuando ausente para siempre
> del esquivo planeta al fin me vea,
> sino tan sólo el breve pensamiento
> de una hermosa señora me bastara,
> que en tal instante crea extrañamente
> que si náufragos fuéramos yo y ella
> en una isla remota y solitaria,
> juntamente con su primer amado,
> a él sus desdenes brindaría fieros,
> aunque en las mientes todo sólo fuere
> de la desconocida dama ajena,
> y yo polvo en el suelo e invisible
> debajo de las letras de estos versos.

(BA, p. 13).

Incorporando en sus juegos imaginísticos —similares a los hibridismos léxico-sintacticos ya consabidos— el personaje de antes se vuelve objeto de su misma imaginación irónica. Este poema se ubica en la línea iniciada por «En el coto de la mente», donde la sencillez de la expresión y su sensualismo lingüístico erradican las conexiones lógicas, aclaratorias de la situación poética. Aquí el hablante, al despedirse del mundo, rechaza absolutamente todo lo que puede ofrecer el recuerdo de aquel universo esquivo, incluso el recuerdo de la flora y la fauna que ha sido, con una notable excepción («El olvidadizo»), su acompañante en la desgracia. Sólo admite una vinculación con el pasado al insinuar que tales recuerdos son «cuán codiciados». Pero el yo los rechaza, enfatizando su propia esquivez decidida e irónica al decir que guarda la paradigmática imagen del desdén: «el breve pensamiento de una señora hermosa». Por una parte, el recuerdo tiene un aspecto natural y lógico, puesto que una «hermosa señora» simboliza lo bello de la vida, remembranza de la «rosa amarilla». En el momento de concebir dicha imagen, se presenta extrañamente la escena de la «isla remota». La fantasía popular de naufragar con una mujer bonita en una isla desierta repara los deseos y ansiedades del hombre, con respecto a la conquista amorosa, por el simple hecho de que no hay competidores. También sugiere el ámbito romántico del sitio idílico —salvaje e inocente— donde sólo hay que sobrevivir: comer y hacer amor. Sentimos que la fantasía popular, por lo demás, consigue responder a aquella clásica situación del amor (pastoril) en la que el varón ha sufrido por su idolatría de la mujer siempre esquiva. El conflicto, insertado mediante la introducción del primer amado, se soluciona con la ocurrencia de la mujer de desdeñar a éste. La esquivez favorece al que se despide del mundo, porque convalida su último pensamiento, aunque el desdén es sólo imaginario. Imaginar la escena ilusoria satisface al que se va, porque no es él el desdeñado. Pero al reinstalarse el yo en el presente del poema —«yo polvo en el suelo e invisible / debajo de las letras de estos versos»— se complica el sentido de la proyección lógica del texto y se cuestiona la identidad del yo y su participación en el poema. La única clarificación que se saca en limpio es que el yo, en efecto, ha desaparecido en los versos del texto como en el «polvo» de la escena mentada por la mujer. Así se hacen equivalentes los dos persamientos: el de la dama y el del yo «polvo», invisible debajo de los versos de su propio «breve pensamiento». En otras palabras, la imagen de la mujer se transforma en situación del poema, desde el cual imagina el «yo» como base para desdeñar al amado, convirtiendo así al yo en el material con el cual se engendra el poema. El hablante, que tanto tiempo ha soñado con la dama esquiva, vuelve a ser objeto «inalcanzable» en el pensamiento de la propia «prenda» de su imaginación. Sucede, pues, que en su último momento en el planeta el poeta cobija la imagen quintaesencial de aquel mundo —la bella esquiva— por quien él es polvo en el suelo y categóricamente inferior al valor de su imaginación. Como resultado, Belli se ha desprovisto de la necesidad de ceñirse rígidamente a una identidad anteriormente confabulada. Esto permite observar entonces la identidad de la voz «impersonal» de la poesía, purificada de su culpabilidad y responsabilidad, y también de sus trazas de «hablante» humano. Pero hay que advertir que ésta no es la voz «clásica» de una poesía en puro retroceso hacia la tradición.

Ya en «Autoretrato con apariencia humana», otro poema del *Libro de los nones*, el hablante, después de tantas mudanzas, se percibe a sí mismo como «mayoral», indicando cómo ha reencarnado después de ser «bolo del pulpo»:

> *No por las ondas, no, del fiel espejo,*
> *mas sí del sueño en cuyas largas vías*
> *cuánto increíbles vistas yo descubro*
> *   y certifico.*
>
> *Ahora al fin ni búho, olmo o risco,*
> *que a costa mía fui mudado ayer,*
> *para poder seguir, y no ser polvo,*
> *   en este mundo.*
>
> *Aunque tan sólo fuere breve sueño,*
> *aquellas trazas recupero humanas,*
> *en el materno claustro recibidas*
> *   divinalmente.*
>
> *Porque heme en esta intempestiva vuelta*
> *si ya no en bulto de los otros reinos,*
> *tampoco por fortuna no mondado*
> *   de cada miembro.*
>
> *Así no más en mientes (otra vez*
> *lo digo y la ilusión me basta toda),*
> *que por azar vuelvo a mirarme ufano*
> *   bajo buen temple.*

> *¡Ay!, mayoral al fin tal mi gran padre,*
> *mayoral soy, y tras de mí se vienen*
> *las virginales dulces mil ovejas.*
> *que nunca tuve.*
> (BA, p. 19).

Aquí, en sueños, y no en el irónico «fiel espejo», el poeta indica cómo sobrevivió en aquel mundo siendo «búho, olmo o risco». Mientras tanto, brevemente, recupera su forma humana recibida por mediación divina, en su «intempestiva vuelta», y se ve seguido por las «virginales dulces mil ovejas / que nunca tuve». A pesar del cambio de tono, y del aspecto liviano en comparación con su primera estancia en el mundo, es evidente que el hablante dignifica la ilusión de su sueño con esta reencarnación. Las «increíbles vistas» que divisa en el sueño de sí mismo, oscurecen la proyección de su apariencia humana ganada brevemente. De este modo, tanto su ilusoria humanidad como su lenguaje descubren, sin que su nueva actitud lo oculte, la desconocida realidad que yace bajo su sueño.

La problemática constante de esta poesía es la comunicación de dos realidades, la creación de un puente-poema entre mundo inferior y superior, hombre y mujer, poeta y poesía, vida y muerte, pasado y futuro. La temática se abstrae debido a su transformación; es decir, ese hombre-en-el-mundo habitando en Lima la horrible y arcádia. Su impronta fue la situación de la poesía pastoril del amor esquivo. El personaje sufre su crisis de identidad y adopta las formas de «bolo del pulpo», asno, olmo y día resumiendo las mudanzas del «microuniverso». En el poema «En el coto de la mente», el producto imaginario retorna hacia su productor, la «mente». Allí, la imaginación es desprovista de sus «arneses» y con «Ni de cien mil humanos», el «yo» permanece dentro del espacio imaginario, dejando afuera a la voz solitaria y desnuda del hablante. El libro *En alabanza del bolo alimenticio* documenta en varias direcciones la inversión de estas dinámicas y la situación del poema llega a ser la de «poeta»; el mundo/bolo alimenticio se transforma en «personaje» que desea la «presa de carne». Todo el proyecto de Belli, que encarnaba la modernidad y la tradición dentro del «microuniverso», ahora se introvierte.

El poema «La presa de carne que no se deja comer porque piensa en otro bolo alimenticio», es acompañado por otros dos textos que tratan de la furtividad de dicha «presa». La voz del hablante describe el objeto de su deseo gastronómico, pero como en el poema temprano «Expansión Sonora Biliar», el ser humano es reducido a sus necesidades alimenticias, con la diferencia de que los objetos de esa necesidad se han vestido con la ropa de la cual se despojó el pastor/poeta:

> Desde cuando los cielos te sirvieron
> en la mesa del ágape supremo
> no has dejado mañana, tarde, noche,
> en dedicar la pulpa de tus mientes
> a aquel mancebo bolo alimenticio,
> en donde ensalivada fuiste ayer;
> y cada vez más dura te comportes,
> aunque tu blanca carne tierna sea,
> pensando no más en tu pastor gástrico,
> pese a que con desgano sazonárate,
> cual insignificante solomillo,
> dejándote en el plato de repente
> por ser tú para él poco apeticible.
> Pero prefieres todavía ahora,
> de tu amado el eructo desdeñoso,
> y nunca el triste ruido rechinante,
> que destas pobres tripas sonará,
> por no haber en su bolo alimenticio,
> ni un trazo de tu pulpa eternamente.
>
> (BA, p. 48).

El que come contempla ansioso el desdén de la «presa», dedicada a otro bolo. Orgánicamente, el hablante se ve distanciado de las pasiones alimenticias del «pastor gástrico» y de las presas de «blanca carne tierna», pero como un ser superior en la cadena vital, el hambriento tiene un interés literalmente «carnal» en el resultado de esta contienda. Y, sin embargo, no tiene armas para combatir en lo absoluto.

La jerarquía orgánica se preserva en la mención del primer verso de que «los cielos» producen los frutos terrenales y los sirven en la «mesa de ágape supremo». Desde el punto de vista del «bolo» y de la «presa», la «mesa» ha de ser su último destino y su «salvación». Ser comido culmina el sentido existencial de la pareja alimenticia, y así concuerda con la naturaleza de la cadena vital: comer y ser comido. Mantener tal lógica y jerarquía le agrega algún aspecto razonable al poema que extrema con un gesto el absurdo antipoético y lo toma en serio. El aspecto serio del texto gira en torno al primitivismo de mezclar elementos, como en «De la pelea que ovo Don Carnal con la Cuaresma» del *Libro de buen amor*. La mezcla de elementos incluye la contienda alimenticia, la situación inmemorial de la mujer esquiva y además el antes mencionado tratamiento antipoético. Pero aquí no hay alegoría ni fábula semejante a aquella del Arcipreste, que representaba un punto moral en cuanto a la conducta del cristiano, mediante la batalla en la que los manjares atacaron a Don Carnal en nombre de doña Cuaresma. No encontramos en la figura de la «presa de carne» belliana filiación alguna a conceptos éticos. En general, pues, la situación del poema se ajusta a la condición humana del desear, lo cual lo une al anhelo amoroso de la poesía bucólica. Al considerar de nuevo la insinuación de los dos primeros versos, es evidente que, hasta cierto punto, hay una nota de persuación sutil inscrita en el sentido del «ágape supremo», que el «loco amor» de la «presa» ignora. Por lo tanto, es necesario reconocer que dicha persuasión sólo matiza el juego irónico de esta alegoría de la necesidad humana.

La metáfora temprana que toma la forma del «bocado fino de cuerpo y alma» se concretiza para representar una parodia de esa misma búsqueda. La extrañeza del poema en verdad no se disipa con estos comentarios, que sólo intentan colocarlo dentro de una línea reconocible. El desafiante «manierismo» agudo y raro del texto no llega a encubrir sus cualidades líricas *sui genesis*, perfectamente apropiadas al medium orgánico y textual de su origen. Dentro de los postulados proclamados al inicio de esta obra poética, el texto también ilustra a su manera uno de los proyectos de la más reciente poesía norteamericana. Los poetas de esta tendencia no pretenden imitar la naturaleza, sino que tratan de serla [6]. Está claro que la voz belliana, en el presente texto, no es más que la de su propia naturaleza. No hay que olvidar, sin embargo, que, como siempre, la voz cobra su unidad debido al desdén que tiene la «rica presa» por el «bolo alimenticio» ajeno.

«Farewell to Poetry» al parecer termina de una vez por todas la crisis que tantas transformaciones le han causado a este individuo. Paradójicamente, y según su propia confesión, la poesía ha sido su salvación. El poeta melancólico marcha «en definitiva solo por los campos» y deja atrás aquello que era la bella dama —el Hada Cibernética entre otras—, encamada también en la «rosa amarilla»' en la «noche» sensual y ahora en la «¡musa mula!»:

> En nudo no de cuerdas, mas de fuego,
> ni de cintas ni de hilo ni de fibras,
> mas nudo de aire o agua al infinito,
> con la venia del cielo eternamente
> contigo entrelazado estar quería
> más que el olmo y la vid en la floresta.
>   Y en vano te rogaba,

---

[6] Hamburger ha escrito del dinamismo de la nueva poesía norteamericana: «This aesthetic is naturalistic not in the sense of imitating nature, but of wanting art to *be* nature. Much of this poetry is highly individual, to the point of idiosyncrasy, but it is not individualistic, because the poet's self is conceived as part of nature. Indead Charles Olson has also written of 'getting rid of the lyrical interference of the idividual ego'», *Truth*, p. 284. Agregamos por nuestra parte que la poesía de Belli *no* se dedica al mismo propósito, pero la semejanza puede ser reveladora de todas formas.

como una idea fija en las entrañas,
desde la cuna a hoy sin eco alguno,
tal si la pura nada fuera término
del ansia de nadar, volar y andar
por los puntos del mundo cardinales,
en los feudos del día y la noche,
de dentro y de fuera, o viceversa, alegre,
firme estampado como sello
a tu soplo y tus ancas sobre el lecho,
sobre las blancas páginas del libro,
en la suprema ligazón del día,
como aquel gran poeta, aquel amante
que desde la mañana hasta la noche
va escribiendo, va el amor haciendo
tendido a la intemperie acá o allá
bajo el buen o mal ceño de las nubes,
       Y sanseacabó.
Que ya me aparto repentinamente
y me voy como un pobre borriquillo
expulsado del resto de los brutos,
en definitiva solo por los campos,
desligándome de ti, ¡ay musa mula!,
de tu soplo y tus ancas para siempre,
que nunca mía fuiste por más que hice.

(BA, p. 47).

En el momento de despedirse de la que no ha dicho na-da, «desde la cuna a hoy sin eco alguno», el poeta retoma su imagen característica del «microuniverso». Así también alude a toda su trayectoria pastoril, resumiendo la plena contradicción con sus esfuerzos de despojarse de su «ropa» vieja. ¿Acaso es ésta, en verdad, la despedida definitiva como ha anunciado? De ahí que sea inteligible su atavío lingüístico. Además, hay un curioso paralelo con el modo en que ha invocado siempre al Hada Cibernética, su reite-rada «idea fija» y las varias despedidas de su mundo, de sí mismo y de todo, para inmediatamente reaparecer lige-damente cambiado.

El título en inglés tal vez se explica por el asombro con

que la voz lírica siempre ha tomado a la poesía, tan distante y esquiva. Las tres estrofas con los dos pies quebrados insertos en el núcleo del poema— «Y en vano te rogaba... Y sanseacabó»— repasan brevemente toda la situación de la voz que buscaba su diálogo con la musa. El nudo de fuego, aire y agua en cuyo seno desde hace tiempo quería estar el poeta, acompañado por la poesía amada, inicia la imagen brillante de lenguaje que se completa en otra imagen, leitmotif del olmo y la vid. Estos seis versos condensan en sus fórmulas barrocas la insustancialidad poética de toda una obra dedicada a la espera corpórea de la musa.

En la segunda estrofa, el poeta ilustra todas las metamorfosis que ha sufrido en su vana pretensión de atraer a la figura de la noche/musa. No se puede desdeñar la figura consagrada del Hada, que si bien no era la musa, por lo menos estaba asociada con ella. La búsqueda de la figura esquiva lo tenía obsesionado. Confiesa el poeta, con hiperbólica agonía, que había viajado día y noche, a través del agua y del aire, por dentro y por fuera, hasta los lejanos cuatro puntos del mundo sin oír «eco alguno» de sus invocaciones, como si al final buscara la «pura nada». O bien, el contrario, cuando había encontrado la híbrida musa, y alegre, asido a sus ancas en íntima conjunción con ella en el «lecho» de la «blanca página», como aquel «gran poeta» —Darío—, aun entonces la unión no dio fruto.

Repárese en que, aunque asido el «soplo» y las «ancas» de la musa, el verso «que nunca mía fuiste por más que hice», se refiere a que la poesía que escribió no fue la que esperaba de la unión poeta-poesía. Es decir, nunca fue aceptada como «Poetry» digna de tal nombre. Hay que entender la afiliación de estos razonamientos dentro del transcurso entero de la obra belliana. Derivada de la poesía pastoril, la previsible yuxtaposición del «lecho» y de la «blanca página» se proyecta hacia aquella gran analogía de la poesía como *coincidentia oppositorum* o martimonio cósmico de letra y mundo. No obstante, se hace sentir oscuramente el desafío a la intrusión extranjera —la del poeta

moderno y su «musa mula»—, que a fin de cuentas es ajena a la poesía.

En realidad nos hemos topado con otro momento de
confusión. ¿Qué esperaba el poeta de la musa? ¿Qué pretende para la poesía? Sin duda, los textos que acabamos
de ver se desdoblan a la manera del *ouroboros* que coge
su cola. Pero también hay un deliberado intento de desimu-
lar la senda por la que camina el ser, tan misterioso como
antes era la musa/mujer/noche/muerte, que se emparenta
íntimamente con cada verso, sin que se deje retratar con
nitidez.

La situación esencial de la conjunción poética, la unión
de los componentes de la escritura, se presenta en «Boda
de la pluma y la letra» como un sutil tratamiento irónico,
aunque también ingenuo, del acto de escribir mitificado:

> *En el gabinete del gran más allá,*
> *apenas llegado trazar de inmediato*
> *la elegante áurea letra codiciada,*
> *aunque como acá nuevamente en vano,*
> *o bien al contrario,*
> *que por ser allá nunca más esquiva.*
>
> *En cielo o infierno sea escrita aquella*
> *que desdeñar suele a la pluma negra,*
> *quien en vida acá por más que se empeñe*
> *ni una vez siquiera escribirla puede,*
> *como blanca pluma,*
> *por entre las aguas, los aires y el fuego.*
>
> *Esa pluma y letra, antípodas ambas*
> *en el horizonte del mundo terreno,*
> *que sumo calígrafo a la áurea guarda*
> *para el venturoso no de búho vástago,*
> *mas de cisne sí,*
> *que con ella ayunte del alba a la noche.*
>
> *Aunque en el más allá y con otra mano,*
> *trazar en los cuatro puntos cardinales*

létrica montés, aérea y acuática,
conquistando el mundo de un plumazo solo,
     y así poderoso
más que hijo de cisne de la prenda dueño.

Aquella que nunca escribir se pudo
por los crudos duelos de terrena vida,
feliz estamparla en el más allá
con un trazo dulce, suave y aromático,
     por siglos y siglos,
y en medio del ocio acá inalcanzable.

Allá en el arcano trazar una letra,
y tal olmo y hiedra con ella enlazarse,
dos esposos nuevos muy frenéticamente,
en la nupcial cámara ya no figorífica,
     y la áurea letra
escribirla al fin con la pluma negra.

(BA, pp. 42-43).

Similar a «la Presa de carne...» y en la ausencia del poeta configurado como centro del universo imaginario («Farewell to Poetry»), «La Boda» se torna en el foco de atención. El escritor como un poeta *ex-machina* sólo ocupa un plano secundario. En primer término están la «pluma negra» y la «áurea letra», unificadas en el apropiado «gabinete del gran más allá». A pesar del distanciamiento del poeta, su duda terrenal se inyecta en la primera estrofa, sugiriendo que el acto de «trazar», o sea, de poseer la «letra», posiblemente es vana aun en el más allá.

La segunda estrofa reitera lo escurridizo de la «letra» para con la «pluma negra», la que por mucho que se haya esforzado en la tierra, es incapaz de dibujarla. La virginal letra es guardada por el «sumo calígrafo» para que ella pase la noche en un coloquio de «amor cortés». Esta estrofa sugiere no sólo la revaluación terrenal y el retorno al principio que dio impulso al movimiento poético moderno hispanoamericano, sino que también registra los celos que cobija la «pluma» por aquel «venturoso», en comparación con sus

propias aventuras amorosas con la «letra». Por eso se nota
que en esta «boda» el escritor no expresa únicamente un
amor por la «áurea letra», sino que al penetrar en el verso
y convertido en «pluma», su amor brota de la conjugación
material: «pluma» y «letra». Igualmente, la pluma y la letra, «antípodas» del mundo y concretización de aquella gran
analogía cósmica, no pueden conquistar al mundo, ni la
pluma domina a la letra. No obstante lo dicho, el «vástago
de búho», o sea, el hijo del prosaico postmodernismo, expresa algún rencor por su «incompetencia» con la letra.
Por lo tanto reserva sus esperanzas de conquista para el
más allá, cuando sea dueño de la «letra»: «prenda» del
«mayoral de las dulce mil ovejas».

El sensualismo que cobran las relaciones entre la «pluma negra» y la «letra» convalida cierta cualidad concreta
inherente a la «visión» renovada. Como no pudo escribirla
en la vida terrenal a causa de los «crudos duelos», lo hará
después, con trazo «dulce, suave y aromático». Entonces,
en la «cámara nupcial ya no frigorífica», alusión tanto al
rastreo terrenal por el «bocado fino de cuerpo y alma»
como a la deseada unión del «mancebo bolo» y su «presa»,
logrará «escribirla al fin con la pluma negra». Tomando
como objeto de su poema las «antípodas» de la «pluma»
y la «letra», la larga contienda de esta obra culmina en
matrimonio. Como hemos visto, lo que empezó con el experimento lingüístico que daría con la clave para conquistar la realidad y que condujo a aquella visión negra de la
imposibilidad de solucionarla, aquí ha llegado a término
feliz. Irónicamente, la poesía de Belli ha creado de las cenizas de su fracaso el elemento opuesto: éxito, unión, matrimonio. Junto a lo que antes era negro, ahora existe también lo blanco. La obra entera se redondea a partir de sus
propias premisas. El que buscaba poesía en la vida, ha
dejado de buscarla, y la desestima como herramienta de
salvación.

CONSIDERACIONES FINALES

Hemos examinado en el presente estudio de la obra de Carlos Germán Belli de qué modo la modernidad y la tradición poéticas se oponen y se entraman en ella para producir una lírica compleja, de indudable valor literario. Sólo resta entender en qué sentido su poesía muestra la crisis de la modernidad, o «el fin de la idea de arte moderno», planteada por Octavio Paz (*Hijos*, p. 195). Es evidente que el entrecuce de lenguaje, estilos, figuras y temas dispares no manifiestan por sí solos dicho ocaso. Tales recursos son señas del hablante lírico y del mundo que habita; por lo tanto el conjunto del poeta, su discurso y su mundo, que son profundamente antitéticos, ha de dar evidencias del fin de lo moderno en poesía.

Uno de los primeros Adanes modernos que aparece después del «pequeño dios» huidobriano es *Altazor*. Ese poeta/mago, recordemos, estalla contra su propio lenguaje y se despedaza por completo. Ya hemos puntualizado en los inicios de nuestro estudio que Belli, entre otros integrantes de la generación del 50, sucede a poetas como Paz, Parra y Lezama Lima, que regresan hacia la primera vanguardia. En este mismo regreso silencioso podemos colocar al hablante belliano, quien, por cierto, no estalla de la manera espectacular en que explota «Altazor», sino que «desaparece detrás de su voz, una voz que es suya porque es la voz del lenguaje, la voz de nadie y de todos» (ibíd., p. 207).

Hemos señalado repetidas veces el hecho de que el hablante belliano se pone en una situación límite. Al hacerlo logra ampliar las posibles expresiones que surgen de un ser que juega a la vez un papel confesional y un papel simbólico. A causa del amor por su hermano inválido, este hablante se lanza a la búsqueda de la justicia y de alguna voz que pudiera responder a las peticiones suyas y tal vez rectificar la mutilada progresión del impedido en el mundo. A la invalidez concreta del hermano Alfonso se vincula la sensación de injusticia esparcida en la sociedad, como la que se ve en «Segregación N.º 1», poema que insinúa un mismo origen oscuro de los males físicos y sociales. A la par con estas lacras visibles, en «la faz del orbe» está la carencia de amor y la falta de una gracia en la tierra que alivie los males. En esta primera expresión, son evidentes las tentativas de una transformación mágica de la realidad, semejantes a las que caracterizan los experimentos vanguardistas. Entre los textos que integran *Dentro y Fuera* aparece de pronto la figura del Hada Cibernética, digna de ser convocada. Esta diosa milagrosa junta en su enigmático ser los poderes del pasado mágico y del luminoso futuro. El hablante sigue en el «vaho» de esa diosa que pudiera poner todo en orden, repartiendo el ocio requerido para el amor. Mediante las vanas evocaciones al Hada, se divisan en su ausencia los contornos de un «microuniverso» aplastante, perfectamente apto para rectificarse con el soplo liberador del Hada. Ese espacio también se configura de acuerdo con los poderes fraudulentos del oscuro pasado mítico de la fundación de la ciudad limeña y de su futuro dedicado a multiplicar las falsedades. Surge entonces, parejamente con las evocaciones al Hada ilusoria, la negra imagen gemela del «microuniverso», antítesis de la máquina diosa. En poemas como «Si acaso a este orbe», «En bética no bella» se escucha la voz aquejada del hablante, pastor/ poeta en el mentado «microuniverso». La promesa de la mágica conjugación del pasado (tradición) y del futuro (modernidad) encarna en la figura del Hada no sólo como imagen del pequeño mundo actual de Lima, vislumbrado a través de su angustiado solicitante, sino que se percibe en él al hombre moderno, que está con un pie en el pasado y con el otro en el esperanzado futuro. Pero este hablante no es el prototípico hombre moderno; es más bien lo contrario del «pequeño dios» que elogía Huidobro. El pastor/ poeta belliano es el heredero del mito moderno del Adán postrero, cuya vida es una lucha para sobrevivir, un ser completamente dominado por los poderes superiores del mundo, tal como les sucede a todos los seres humanos, iluminados o no. Hasta sus esfuerzos por ser poeta no le conceden más que ser el «amanuense», cuyos escritos son «plagios». Los poemas del que «copia decretos» resultan ser imitaciones serviles de la tradición y de la modernidad, que el hacedor confecciona con el propósito de fraguar milagrosamente una vía de escape del «cepo» existencial. El señalado hombre-en-el-mundo carga con la culpabilidad del estigma con que le hiere la sociedad. Su autoconocimiento, junto con su confusión acerca de su propio lugar y papel en el orbe, estrechamente emparentados con la tentativa de cumplir con la responsabilidad que siente por su hermano, conducen a la escisión de su ser. Al darse cuenta de que el Hada Cibernética no llegará, es confrontado con el mundo que fue creado a la imagen de la diosa, justamente para que ella pudiera arreglarlo de un soplo. Y el hombre belliano se encuentra con que el mundo «plagiado» no se disipa. En el poema «A mi hermano Alfonso», el hablante revela su pérdida de fe en la posibilidad de esperar la prometida «arcadia» inherente al espacio limeño, que hubiera sido un «cálido recodo» para Alfonso. De manera semejante, el individuo belliano tiene que contemplar la imagen «robótica» de sus ilusiones futuristas. El «Robot Sublunar» representa el aporte del Hada Cibernética que mandó a su hijo al «globo sublunar». Pero aunque el «robot» simboliza una vía para evitar los problemas que pertuban al hablante, en el planeta donde viviría ese ser mecánico no habría lugar para el hombre, o éste se vería afiliado con

un ser de otra especie, repitiendo así la misma contienda
injusta entre las especies dominantes y las inferiores que
aqueja a la tierra «desde tiempo inmemorial».

Al ver que se estropean todos sus sueños, el hablante
de la «Sextina de Mea Culpa» necesariamente encara también su sentimiento de culpabilidad, en gran parte derivado de la confusión autoconsciente de su propia función e
identidad en el orbe. Aunque se sabía dominado en la sociedad por fuerzas superiores, el Adán postrero se vio obligado a aceptar la responsabilidad ética de transformar el
amor, por lo menos para sí mismo y para los suyos. Su
fracaso e inhabilidad aumentan gracias a la autoconscien-
cia del «yerro» que ha sido toda su empresa. El «yerro» de
su vida acarrea la constatación de que jamás podría cambiar el mundo, porque no es capaz de cambiarse a sí mismo. Como consecuencia, el hablante se despedaza en los
fragmentos integrantes del hombre y de la «bética no bella».

En efecto, el hablante moderno creado por Belli desaparece detrás de su voz; se repliega dentro de su hacedor.
Pero al hacerlo borra las señas que aproximarían su voz
confesional a su ser empírico. La pequeña alegoría mítica
del juego de dentro y fuera, termina con el hablante, con el
poeta. Si Belli existía disfrazado de pastor/poeta en el
«microuniverso» interior, igualmente el pastor/poeta existía en el mundo de fuera disfrazado de Belli. Al descubrir-
se anacrónicamente configurado en un tiempo que es ni
pasado, ni futuro, ni antiguo, ni moderno, sino sólo presente, lo único que queda es la «pluma negra» del escritor
y la «letra» impresa.

En consecuencia, podemos afirmar que el signo de la
modernidad poética en que se cifra la figura del hablante
belliano es la pretensión de conjugar los orígenes y la actualidad de una realidad americana, y que mediante la va-
nidad de la empresa, afirma y confirma su modernidad.
Pero el «fin de la idea de arte moderno», como indica Octavio Paz, no es el fin de la poesía. Esto se evidencia, con

claridad, en la obra de Belli: la poesía sobrevive y es capaz de brotar libre de «cepos» modernos o tradicionales, porque fue purgada de tales estigmas gracias al sacrificio de Carlos Germán Belli.

BIBLIOGRAFÍA

A. Poesía de Carlos Germán Belli

Belli, Carlos Germán. *Poemas*. Lima: Talleres Gráficos Villanueva, 1958.
— *Dentro y Fuera*. Colección Forma y Poesía, núm. 3. Lima: Ed. de La Rama Florida, 1960.
— *¡Oh Hada Cibernética!* Colección El Timonel. Lima: Ed. de La Rama Florida, 1961.
— *¡Oh Hada Cibernética!* 2.ª ed. aum. Lima: Ed. de La Rama Florida, 1962.
— *El pie sobre el cuello*. Lima: Ed. de La Rama Florida, 1964.
— *Por el monte abajo*. Lima: Ed. de La Rama Florida, 1966.
— *El pie sobre el cuello*. Montevideo: Ed. Alfa, 1967. (Reune todos los libros anteriores.)
— *Sextinas y otros poemas*. Santiago de Chile: Ed. Universitaria, 1970.
— *¡Oh Hada Cibernética!* Caracas: Monte Avila, 1971. (Antología de todos los volúmenes anteriores.)
— *En alabanza del bolo alimenticio*. México: Premiá, 1979.

B. Crítica sobre Carlos Germán Belli

Bazán, Dora. «Carlos Germán Belli y sus Sextinas», *Expreso*, 25 de mayo de 1971, p. 16.
Benedetti, Mario. «Carlos Germán Belli en el cepo metafísico», *La Mañana* (Montevideo), 14 de agosto de 1964. Recogido en su *Letras del continente mestizo*. Ed. Arca, 1967, pp. 136-40.
Brotherston, Gordon. «Modern Priorities», En *Latin American Poetry: Origins and Presence*. Cambridge: Cambridge Univ. Press, 1975, pp. 177-81.

Bravo, Carlos. «Carlos Germán Belli: barroco y socialista». *Punto Final* (Santiago de Chile), núm. 6 (4 de junio de 1968), p. 22.

Cevallos Mesones, Leonidas. «Sobre la poesía de Belli». *Mundo Nuevo*, núm. 8 (febrero, 1967), pp. 84-86.

Cisneros, Antonio. Res. de *Por el monte abajo. Amaru*, 1 (enero-marzo, 1967), pp. 89-92.

Higgins, James. «Carlos Germán Belli: una introducción a su poesía». *Textual*, 4 (junio, 1970), pp. 59-63.

— «El mundo poético de Carlos Germán Belli a través del poema 'Contra el estío'». *Memoria del Congreso del Instituto de Literatura Iberoamericana*, 15 (1972), pp. 179-86.

— «The Poetry of Carlos Germán Belli». *BHS*, 47 (octubre, 1970), pp. 327-39.

Lasarte, F. «Pastoral and Counter-Pastoral: The Dynamics of Belli's Poetic Despair». *MLN*, 94 (March, 1979), pp. 301-20.

Lastra, Pedro. «Después de Vallejo (Poesía de Carlos Germán Belli)». Suplemento dominical de *La Nación* (Santiago de Chile), 14 de mayo de 1967, p. 5.

La Torre, Alfonso. «La moderna angustia de Carlos Germán Belli». *El Comercio Gráfico*, 8 de julio de 1964, p. 6.

Lévano, César. «Una primavera florida». *Caretas*, 14, núm. 297 (18 de septiembre de 1964), pp. 17-18.

Loayza, Luis. «La poesía de Carlos Germán Belli». Expreso, 23 de noviembre de 1962, p. 11.

M. P. R. «En el coto de la mente». *Panorama* (Bs. As.), núm. 188, 1 de diciembre de 1970, p. 53.

Maurial, Antonio. «A propósito del último libro de C. G. B.». *Alpha*, núm. 7 (noviembre, 1966), p. 35.

Oquendo, Abelardo. «Belli, una conyuntura difícil». Sup. dom. de *El Comercio* (Lima), 6 de septiembre de 1970, p. 26.

— «B., una poesía desgarrada». *El Comercio Gráfico*, 19 de noviembre de 1962, p. 19.

— Res. de *El pie sobre el cuello. Revista Peruana de Cultura*, núm. 3 (octubre, 1964), pp. 145-47.

Orrillo, Winston. «Belli: desde el infierno de lo cotidiano». *Oiga*, 29 de septiembre de 1967, pp. 22-24.

— «Por la desesperación a la esperanza». *Correo*, 1 de junio de 1964, pp. 26-27.

— Res. de *El pie sobre el cuello. Letras*, núms. 72-73 (1964), pp. 333-35.

— Res. de *El pie sobre el cuello. El Comercio*, 25 de octubre de 1967, p. 2.

Ortega, Julio. «Calidad expresionista de Belli». Sup. dom. de *La Prensa* (Lima), 24 de julio de 1966, p. 34.

— «Carlos Germán Belli prepara su poesía completa». Sup. dom. de *La Prensa*, 12 de noviembre de 1965, p. 30.

— «La poesía de Carlos Germán Belli». *Temas*, núm. 13 (agosto-septiembre, 1967), pp. 54-55. Reaparece en Julio Ortega. *Figuración de la persona.* Barcelona: Edhasa, 1970, pp. 129-36. También en Carlos Germán Belli. *Sextinas y otros poemas.* Santiago de Chile: Ed. Universitaria, 1970, pp. 9-19.

— «La poesía de Carlos Germán Belli». *Imagen,* núm. 33 (15 de septiembre de 1968), pp. 41-46.

— «Poesía de Belli». *Expreso,* 28 de septiembre de 1967, pp. 12-16.

OVIEDO, JOSÉ MIGUEL. «Belli, magia y exasperación». Sup. dom. de *El Comercio,* 29 de julio de 1962, p. 5.

— «Belli: más pavor, más asfixia». Sup. dom. *El Comercio,* 24 de mayo de 1964, p. 8.

— «Belli: otra inmersión en el mismo infierno». Sup. dom. de *El Comercio,* 18 de noviembre de 1966, p. 22.

— «El cuerpo del surrealista». Sup. dom. de *El Comercio,* 18 de septiembre de 1960, p. 11.

PAREDES CASTRO, JUAN. «Belli: poesía y angustia». *La Crónica* (Lima), 9 de marzo de 1969, p. 16.

PICHÓN RIVIÈRE, MARCELO. «Belli, un poeta en Buenos Aires». *Panorama,* núm. 294 (14-20 de diciembre de 1972), p. 62.

PORTUGAL, ANA MARÍA. «Belli y la poesía peruana a nivel continental». *Correo,* 17 de dicembre de 1967, pp. 20-21.

PUIG, SALVADOR. «Entre Vallejo y los clásicos». Sup. dom. de *El Comercio,* 7 de enero de 1968, p. 35.

R. V. O. «Con Carlos Germán Belli». *La Nación* (Bs. As.), 11 de octubre de 1970, p. 3.

SALAZAR BONDY, SEBASTIÁN. «Belli, realidad en carne viva». Sup. dom. de *El Comercio,* 17 de marzo de 1964, p. 30.

— «Un poeta y el compromiso que asume». *La Prensa* (Lima), 11 de abril, 1958, pp. 24-25.

SCHOPF, FEDERICO. Res. de *¡Oh Hada Cibernética! AUCh,* núm. 132 (octubre-diciembre, 1964), pp. 228-31.

SOLOGUREN, JAVIER. «Carlos Germán Belli». En *Tres poetas, tres obras: Belli, Delgado, Salazar Bondy.* Lima: Instituto Raúl Porras Barrenechea, 1969, pp. 9-20.

— «La poesía del '50: Carlos Germán Belli». *La Prensa* (Lima), 8 de agosto de 1976, p. 22.

TAMAYO VARGAS, AUGUSTO. «Introducción: en el ámbito de la Antología (1946-1969)». En *Nueva poesía peruana: Antología.* Barcelona: El Bardo, 1970, pp. 21-24.

TOLA DE HABICH, FERNANDO. «Carlos Germán Belli: con *El pie sobre el cuello».* Sup. dom. de *La Prensa* (Lima), 26 de mayo de 1968, pp. 30-31.

VALENTE, IGNACIO. «La poesía de Carlos Germán Belli». *El Mercurio,* 29 de septiembre de 1969. Recog. en José Miguel Ibáñez Langlois, (Ignacio Valente). *Poesía Chilena e Hispanoamericana.* Santiago de Chile: Nascimento, 1975, pp. 168-70.

— Res. de *Sextinas y otros poemas*. *El Mercurio*, 16 de agosto de 1970, p. 3.

VARGAS LLOSA, MARIO. «Belli y la rebelión», Sup. dom. de *El Comercio*, 8 de junio de 1958, p. 5.

VÍCTOR ERNESTO (VÍCTOR ERNESTO POOL). «Un reciente poemario de Carlos Germán Belli». *La Crónica* (Lima), 27 de julio de 1958, p. 15.

VITALE, IDEA. «Presentación de Carlos Germán Belli». *Marcha* (Montevideo), 31 de julio de 1970, pp. 33-36.

C. TEORÍA LITERARIA

AUSTIN, J. L. *How To do Things with Words*. Ed. J. O. Urmson and Mariana Sbisà. 2nd ed., 1962; rpt. Cambridge: Harvard Univ. Press, 1975.

BARTHES, ROLAND. *Writing Degree Zero and Elements of Semiology*. Trans. Annette Lavers and Colin Smith. Boston: Beacon Press, 1970.

BLEICH, DAVID, et al., comps. «The Psychological Study of Language and Literature». *Style*, 12, núm. 2 (1978), pp. 173-83.

BLOCK, Ed. «Lyric Voice and Reader Response: One View of the Transition to Modern Poetics». *Twentieth-Century Literature*, 24, núm. 1 (1978), pp. 154-68.

BROWN, ROBERT L. «Intentions and the Contexts of Poetry». *Centrum*, 2, núm. 1 (1974), pp. 55-66.

COHEN, JEAN. *Estructura del lenguaje poético*. Trad. Martín Blanco Álvarez. Madrid: Gredos, 1974.

FRYE, NORTHROP. *Anatomy of Criticism: Four Essays*. Princeton: Princeton Univ. Press, 1957.

HANCHER, MICHAEL. «Understanding Poetic Speech Acts». *College English*, 36 (1975), pp. 632-39.

HIRSCH, E. D. «What's the Use of Speech Act Theory?» *Centrum*, 3, núm. 2 (1975), pp. 121-24.

HOLLAND, NORMAN. «Unity Identity Text Self». *PMLA*, 90 (1975), pp. 813-22.

HOY, DAVID COUNZENS. «Hermeneutic Circularity, Indeterminacy, and Incommensurability». *NLH*, 10 (1978), pp. 161-73.

KAISER, WOLFGANG. *Interpretación y análisis de la obra literaria*. Trad. María D. Mouton y V. García Yebra. Madrid: Gredos, 1961.

MARTÍNEZ BONATI, FÉLIX. «Algunos tópicos estructuralistas y la esencia de la poesía (Un epílogo a *La estructura de la obra literaria*)». *Revista Canadiense de Estudios Hispánicos*, 2 núm. 3 (1978), pp. 195-215.

— «El acto de escribir ficciones». *Dispositio: Revista Hispánica de Semiótica Literaria*, 3, núms. 7-8 (1978), pp. 137-144.

— *La estructura de la obra literaria: Una investigación de la filo-*

sofía del lenguaje y estética. 2.ª ed., 1960; reimp. Buenos Aires: Seix Barral, 1972.
NORMAN, LIANE. «Risk and Redundancy». PMLA, 90 (1975), pp. 285-91.
ONG, WALTER J. «The Writer's Audience is Always a Fiction». PMLA, 90 (1975), pp. 9-21.
PFEIFFER, JOHANNES. La poesía: Hacia la comprensión de lo poético. Trad. Margit Frenk Alatorre. 4.ª ed., 1951; reimp. México: Fondo de Cultura Económica, 1966.
SCHAUBER, ELLEN and ELLEN SPOLSKY. «The Consolation of Alison: The Speech Acts of the Wife of Bath». Centrum, 5, núm. 1 (1977), pp. 20-33.
SEARLE, JOHN. «The Logical Status of Fictional Discourse». NLH, 6 (1975), pp. 319-32.
SMITH, BARBARA HERRNSTEIN. «On the Margins of Discourse». Critical Inquiry, 1 (1975), pp. 768-98.
— Poetic Closure: A Study of How Poems End. Chicago: Univ. of Chicago Press, 1968.
STEINMANN, MARTIN JR. «Perlocutionary Acts and the Interpretation of Literature». Centrum, 3, núm. 2 (1975), pp. 112-16.
SZONDI, PETER. «Introduction to Literary Hermeneutics». Trans. Timothy Bachti. NLH, 10 (1978), pp. 17-29.
WELLEK, RENÉ and AUSTIN WARREN. Theory of Literature. 3rd ed., 1942; rpt. New York: Harcourt, 1970.

D. ESTUDIOS GENERALES

ABRAMS, M. H. A Glossary of Literary Terms. 3rd ed., 1941; rpt. New York: Holt, Rinehart, 1971.
ALONSO, DÁMASO. Poesía española: Ensayo de métodos y límites estilísticos: Garcilaso, Fray Luis de León, San Juan de la Cruz, Góngora, Lope de Vega, Quevedo. 5.ª ed., 1950; reimp. Madrid: Gredos, 1971.
BAUDELAIRE, CHARLES. Oeuvres complétes. Préface, Preséntation et notes de Marcel A. Ruff. París: Éditions Du Seuil, 1968.
The Borzoi Anthology of Latin American Literature. Ed. Emir Rodríguez Monegal. 2 vols. New York: Knopf, 1977.
BROTHERSTON, GORDON. Latin American Poetry: Origins and Presence. Cambridge: Cambridge Univ. Press, 1974.
CARILLA, EMILIO. La literatura barroca en Hispanoamérica. Madrid: Anaya, 1972.
CIRLOT, JEAN. A Dictionary of Symbols. Trans. Jack Sage. New York: Philosophical Library, 1962.
DAVIDSON, NED. J. The Concept of Modernism in Hispanic Criticism. Boulder: Pruett Press, 1966.

DURÁN LUZIO, JUAN. *Creación y utopía: Letras de Hispanoamérica.* Heredia: Ed. de la Universidad Nacional de Costa Rica, 1979.

EDMONSOM, MUNRO S. *Lore: An Introduction to the Science of Folklore and Literature.* New York: Holt, Rinehart, 1971.

ELIOT, THOMAS STEARNS. *Selected Prose.* Ed. John Hayward. Harmondsworth: Peregrine Books, 1953.

EGUREN, JOSÉ MARÍA. *Poesías completas y prosas selectas.* Ed. Estuardo Núñez. Lima: Ed. Universo, 1970.

FLORIT, EUGENIO y JOSÉ OLIVIO JIMÉNEZ, eds. *La poesía Hispanoamericana desde el Modernismo: Antología, estudio preliminar y notas críticas.* New York: Appleton, 1968.

FOSTER, MERLIN H. «Latin American Vanguardism». In *Tradition and Renewal: Essays on Twentieth-Centrury Latin American Literature and Culture.* Ed. Merlin H. Foster. Center for Latin American and Caribbean Studies núm. 2. Urbana: Univ. of Illinois Press, 1975, pp. 1-50.

FRANCO, JEAN. *César Vallejo: The Dialectics of Poetry and Silence.* Cambridge: Cambridge Univ. Press, 1976.

— *An Introduction to Spanish-American Literature.* Cambridge: Cambridge Univ. Press, 1969.

— *The Modern Culture of Latin America: Society and The Artist.* New York: Praeger, 1967.

FRASER, GEORGE S. *The Modern Writer and His World: Continuity and Innovation in Twentieth-Century English Literature.* 3rd ed., 1953; rpt. New York: Praeger, 1964.

FLORES, ÁNGEL. *Bibliografía de escritores Hispanoamericanos: 1609-1974.* New York: Gordian Press, 1975.

FRIEDRICH, HUGO. *The Structure of Modern Poetry: From Mid-Nineteenth to the Mid-Twentieth Century.* Trans. Joachim Neugroschel. Evanston: Northwestern Univ. Press, 1974.

GONZÁLEZ K. DE MOJICA, SARAH. «Utopía, Tradición e Historia Literaria». *Eco*, núm. 208 (1979), pp. 422-33.

HAMBURGER, MICHAEL. *The Truth of Poetry: Tensions in Modern Poetry from Baudelaire to the 1960's.* New York: Harcourt, 1969.

HASSAN, IHAB. «POSTmodernISM: A Paracritical Bibliography». *NLH*, 3, núm. 1 (1971), pp. 5-30.

HOUGH, GRAHAM. «A Literary Revolution». En *Image and Experience: Studies in a Literary Revolution.* London: Duckworth, 1960, pp. 3-83.

HUGHES, TED. *Crow: From the Life and Songs of the Crow.* New York: Harper and Row, 1971.

JIMÉNEZ, JOSÉ OLIVIO, ed. *Antología de la poesía hispanoamericana contemporánea: 1914-1970.* Madrid: Alianza, 1971.

LASTRA, PEDRO. «Las actuales promociones poéticas». En *Estudios de Lengua y Literatura como Humanidades.* Santiago: Universidad de Chile, 1960, pp. 115-26.

— Ed. «Muestra de la poesía hispanoamericana actual». *Hispamérica*, núm. 11-12 (diciembre, 1975), pp. 75-147.

MARIÁTEGUI, JOSÉ CARLOS. *Siete ensayos de Interpretación de la Realidad Peruana*. 20 ed., 1928; reimp. Lima: Amauta, 1972.

MONGUIÓ, LUIS. *La poesía postmodernista peruana*. Berkeley: Univ. of California Press, 1954.

MORE, ST. THOMAS. *Utopía*. Ed Edward Surtz. New Haven: Yale Univ. Press, 1964.

NÚÑEZ, ESTUARDO. *La literatura peruana en el siglo XX*. México: Pormaca, 1965.

ORTEGA, JULIO. *Figuración de la persona*. Barcelona: Edhasa, 1971.

PAZ, OCTAVIO. *Los hijos del limo: Del romanticismo a la vanguardia*. Barcelona: Seix Barral, 1974.

— «Latin American Poetry». *TLS*, 14 de noviembre de 1968, pp. 1283-85.

— «¿Poesía latinoamericana?». *Amaru*, 8 (1968), pp. 3-6.

PINSKY, ROBERT. *The Situation of Poetry: Contemporary Poetry and Its Traditions*. Princeton: Princeton Univ. Press, 1976.

POUND, EZRA. *ABC of Reading*. London: Faber, 1961.

RAYMOND, MARCEL. *From Baudelaire to Surrealism*. Trans. G. M. New York: Wittenborn, Schultz, 1950.

Renaissance and Baroque Poetry of Spain. Ed. Elías L. Rivers. New York: Dell Books, 1966.

ROLLESTON, JAMES. «The Expresionist Moment: Heym, Trakl and the Problem of the Modern». *Studies in Twentieth-Century Literature*, 1, núm. 1 (1976), pp. 65-90.

ROSENBURG, HAROLD. *The Tradition of the New*. 2nd ed., 1959; rpt. New York: McGraw Hill, 1965.

SALAZAR BONDY, SEBASTIÁN. *Lima la horrible*. 2.ª ed., México: Era, 1964.

SALINAS, PEDRO. *Jorge Manrique; o Tradición y Originalidad*. 3.ª ed., Buenos Aires: Ed. Sudamericana, 1962.

SHATTUCK, ROGER. *The Banquet Years: The Origins of the avant-garde in France, 1885 to WWI: Alfred Jarry, Erik Satie, Guillaume Apollinaire*. Rev. ed., 1958; New York: Vintage, 1968.

SILVA, HERNÁN. «La unidad poética de 'Desolación'». *Estudios Filologicos*, 4 (1968), pp. 152-75; 5 (1969), pp. 170-196.

SUCRE, GUILLERMO. *La máscara, la transparencia*. Caracas: Monte Avila, 1975.

TOMÁS, NAVARRO TOMÁS. *Arte del verso*. 3.ª ed., 1959; reimp. México: Compañía General de Ediciones, 1965.

TORRE, GUILLERMO DE. *Historia de las literaturas de Vanguardia*. Madrid: Eds. Guadarrama, 1965.

VARGAS LLOSA, MARIO. *La ciudad y los perros*. 14 ed., 1962; reimp. Barcelona: Seix Barral, 1976.

WILKIE, JAMES W. *Elitelore*. Los Ángeles: UCLA Latin American Center Publications, 1973.
— Et al. «Elitelore and Folklore: Theory and a Test Case in *One Hundred Years of Solitude*». *Journal of Latin American Lore*, 4, núm. 2 (1978), pp. 183-223.
YURKIEVICH, SAÚL. *Fundadores de la nueva poesía latinoamericana*. Barcelona: Barral Eds., 1971.
ZUBATSKY, DAVID. «An Annotated Bibliography of Latin American Author Biliographies: Part 5, Bolivia, Chile, Paraguay, and Perú». *Chasqui*, 7, núm. 3 (May, 1978), pp. 34-79.

ÍNDICE DE POEMAS CITADOS

Se citan también, dentro del texto, fragmentariamente:

EDITORIAL PLIEGOS

Obras Publicadas

1. *La narrativa de Carlos Droguett: Aventura y compromiso*, Teobaldo A. Noriega.
2. *El teatro de Alonso Remón: Tres mujeres en una*, Ven Serna López.
3. *Canto del paso*, Francisco Andras.
4. *Bronces dolientes*, Venus Lidia Soto.
5. *La Fuente Ovejuna de Federico García Lorca*, Suzanne W. Byrd.
6. *Candela viva*, Teobaldo A. Noriega.
7. *Aproximación histórica a los Comentarios Reales*, Raysa Amador.
8. *Valle-Inclán: Las comedias bárbaras*, Lourdes Ramos-Kuethe.
9. *Tradición y modernidad en la poesía de Carlos Germán Belli*, W. Nick Hill.

En preparación

1. *En torno a la poesía de Luis Cernuda*, Richard K. Curry
2. *José Díaz Fernández y la otra generación del 27*, Laurent Boetsch.
3. *Espejos: La textura cinemática en La traición de Rita Hayworth*, René A. Campos.